JN262404

非行少年の世界と周辺

The world of juvenile delinquency and its surroundings

高木 清

Kiyoshi Takagi

はじめに

重大な少年犯罪が発生すると、マスコミは一斉にそのショッキングな犯行を報道し、テレビには、少年が護送車に乗せられ、灰色の塀に囲まれた建物の中に収容される映像が流される。そしてマスコミは、少年の実像や犯行の背景に迫るべく、大学教授や面会に出向いた後の弁護士にマイクを向け、彼らのコメントを紹介する。

本書は、この灰色の塀の家主で、ほとんど裏方にあって表舞台に上がることがない少年鑑別所現場からの報告である。わたしは非行臨床の世界に足を踏み入れたころから、「非行少年といえども出会いに恵まれていさえすれば違った生き方ができたのではないか。立ち直りのきっかけさえあれば立ち直ることが可能なはず」という思いを持っていたが、その後彼らとつき合えばつき合うほど、ますますこの思いが強まっていった。

長い間、現場主義に徹してきた実務家の視点から、従来の非行犯罪心理学や教育学関連の教科書のたぐいとは違う形で、在職中の経験・見聞を整理し個人的な見解をまとめ、少年非行について論じることにしたい。まずは「少年鑑別所の業務」や「少年非行の推移」など基本的なことを理解していただいたうえで、次に「少年鑑別所の中の少年たち」ということで彼らの実像を紹介する。三つ目は、「非行の意味と背景」、彼らの「心の断面」などについて記述し、四つ目は、「少年鑑別所の鑑別と処遇の実際」を紹介する。五つ目は、少年非行の実態を踏まえ、家庭、学校、地域社会に対し感じ思ったことを述べ、少年鑑別所のあり方についても言及する。最後に、家庭裁判所における少年審判について触れる。また昨今、少年事件に関与することが増え始めた弁護士のことについても言及した。なお、章の合間に少年非行の実態を具体的に理解していただけるよう「非行臨床ファイル」を挿入した。

本書は、長年、非行犯罪に関わってきた非行臨床家の記録である。少年鑑別所など矯正に身を置く職員はもとより、家庭裁判所をはじめとする少年事件に携わる機関の方々、非行犯罪や教育問題に関心がある方々及び子どもを持つ親御さんに一読してもらいたい。本書がわずかなりとも皆様のお役に立てればこのうえない喜びである。

目次

第一章　少年鑑別所とは

■組織と業務

こうした施設に縁がない読者もいると思うので、少年鑑別所の組織と業務の概略を説明しておく。

少年鑑別所は、刑務所、拘置所、少年院と同様に法務省矯正局に属する国の出先機関であり、おおむね全国の都道府県にそれぞれ一か所ずつ設置されている。矯正施設の中では、予算規模、職員数においていちばん小さい組織である。

一般の人々は、少年鑑別所と刑務所との違いは分かっても、少年院との違いは分かりにくいと思われる。そして、多くの人は「塀があって、非行犯罪を犯した少年を閉じ込めている怖いところ」とのイメージに印象づけられているだろう。実際、矯正施設に勤務する職員は、みな似たような紺色の制服を着ている。ところが中身は大違いで、法律で定められた施設の設立目的が違えば役割のとり方も自ずと変わってくる。同じ塀の中でも、接する対象者が違えば、処遇する側の人間の気質まで変わってくる。

分かりやすいところでいえば、刑務所や拘置所では被収容者との余計な話は厳禁である。学校出たての若い刑務官が海千山千の被収容者を相手にざっくばらんに話すことはリスクを伴う。それに対し、少年鑑別所や少年院では少年と「話してなんぼ」の世界である。話ができない職員は無能力のレッテルを貼られる。少年鑑別所は矯正施設の中ではいちばん〝社会〟の近くにある施設であり、地方の小規模少年鑑別所に行くと、とても保安施設と思えないアットホームな雰囲気を醸し出している。少年鑑別所の根底にある処遇理念は少年法に基づく「健全育成」である。

以下、矯正局の資料を基に少年鑑別所の業務について説明する。少年鑑別所は昭和二十四年の少年法及び少年院法の施行により発足し、各都道府県庁所在地など全国で五十二か所に設置されている国の施設である。課せられた主要な業務は、主として家庭裁判所から観護措置の決定によって送致された少年を収容するとともに、非行に至った原因や、今後どうすれば健全な少年に戻れるかを医学、心理学、教育学、社会学などの専門的、科学的な知識や技術によって明らかにすることにある。その結果は、鑑別結果通知書として家庭裁判所に送付され、審判や、その後の保護観察所や少年院の指導援助に活用される。

■少年事件の流れ

少年保護事件は、成人の刑事事件と違って随所で特別な手続きで行われる。何となれば、少年は年齢が若く可塑性を持つ成長すべき存在として位置づけられ、罰するより育てるという少年法の保護主義の理念があるからである。したがって、事件の捜査や認定には刑事法の手続きを踏まえながらも、処分の内容は刑法とは大きく異なり、保護処分と呼ばれる。裁判という呼称も使われず、審判という。

当然、審判の構造は刑事裁判と異なってくる。成人の刑事裁判が、検察官が犯罪事実をもとに刑法に定められている刑罰の範囲で起訴し、弁護士が対論を張るという仕組みであるのに対し、少年審判では、裁判官が両方の役目を兼ねながら非行事実、少年の人格や価値観、行状、環境等を総合的に検討し、いかなる処分が最良の方法になるかという見地から決定を下す。審判廷では一般傍聴は認められず、出席は関係者のみで原則非公開で実施される。

もちろん、すべての少年保護事件が保護処分として処理されるわけではない。殺人や傷害致死事件等の事案によっては、少年保護事件としてでなく、大人の事件として処理するほうが適当であると判断されるときは「検察官送致」とされ、少年の刑事事件として裁判を経た上で「懲役」の判決がなされ刑務所で服役となる場合がある。

平成十二年には、少年法の大きな改正があった。当時、少年の重大事件の発生が相次ぎ、問題になったのは、少年法は加害者である少年の立場を重視しているのに比べ被害者の立場に目を向けていないということであった。その結果、いわゆる厳罰化の動きが生じ、刑事処分が可能な年齢を十四歳に引き下げること、十六歳以上で人を死亡させた事件は原則として刑事裁判にすること、また、非行事実の究明が厳密に行えるようにさまざまな改正がなされた。少年鑑別所に関することでは、通常、収容期間は四週間以内であるが、最大八週間まで期間を延長できるようになった。保護主義を理念に持つ少年法といえども、殺人など人命に関わる重大事件については被害者感情などを最大限考慮するなど、従来と違った視点から審判を行うということである。

少年が事件を起こし、警察に捕まってから処分を受け社会復帰するまでの「少年事件の流れ」を図1のとおり掲載し、その流れにおける少年鑑別所の位置づけを表示しておく。

重大事件でない普通の事件に話をもどそう。少年が非行を起こし、警察や検察庁から家庭裁判所に事件送致されても、全部が全部、少年鑑別所に身柄をとられるわけではない。その数は百人のうち一割の十人にも満たない。身柄の拘束というたいへんな措置であることから、家庭裁判所が、厳密な要件のもとで、少年鑑別所に収容し科学的な調査鑑別を行ったうえで審判を行う必要があると判断した事案に限られる。少年鑑別所の収容される観護措置の期間は、重大事件等の特別な事件を除けば通常四週間弱である。

図１　少年事件の流れ

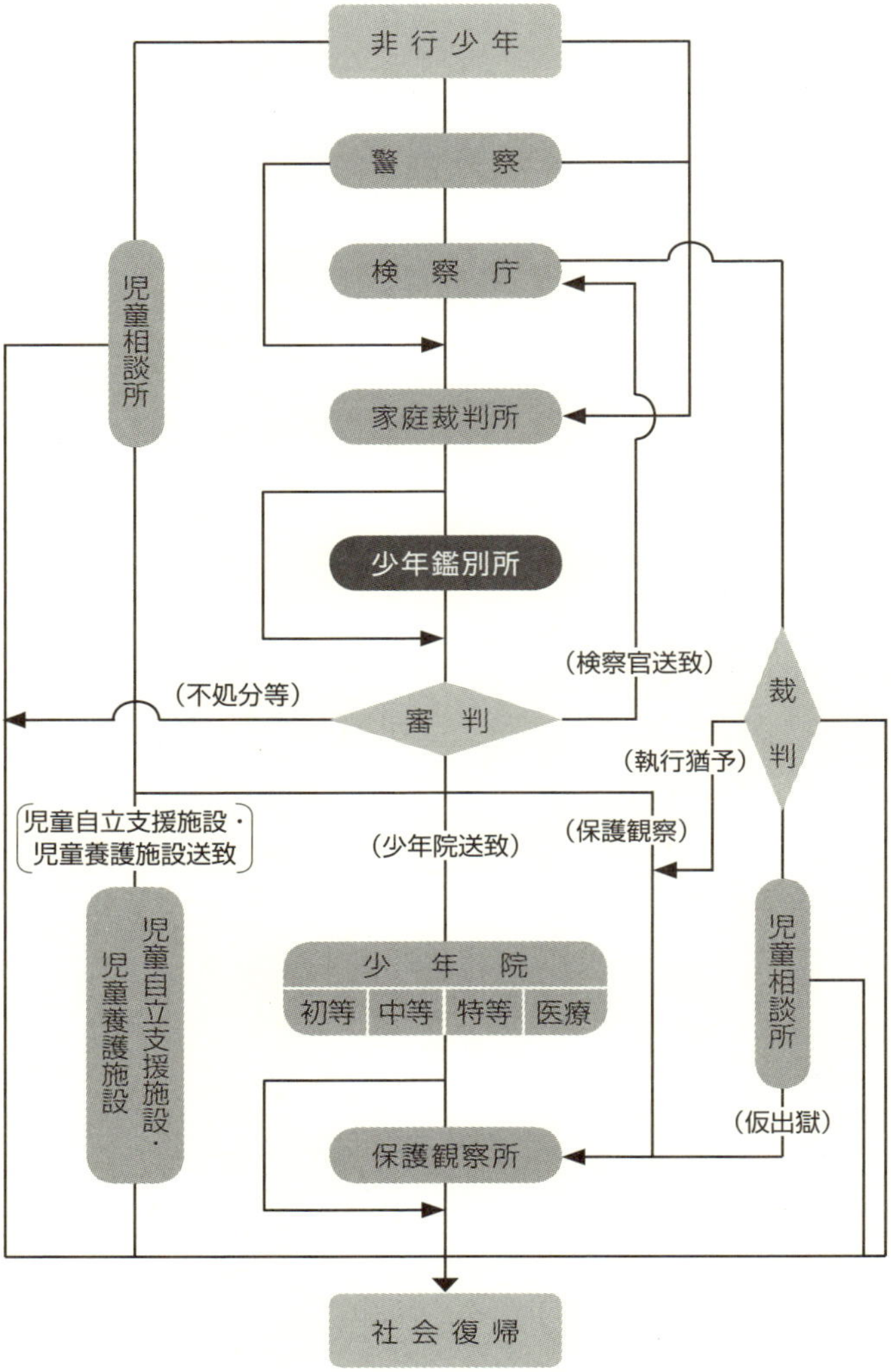

（矯正局少年鑑別所のしおりより）

■非行鑑別

わたしは鑑別技官の経歴を持ち、少年の知能、人格、生い立ち、家族関係など非行に影響を及ぼしたと見られる要因を分析し、その結果と今後の処遇等について鑑別結果通知書にまとめて家庭裁判所に報告する業務を行っていた。

少年鑑別所の「非行鑑別」は、少年審判において重要な一翼を担うものであるが、この鑑別結果通知書作成という業務は、何も書かれていない真っ白な紙面に文章によって少年の臨床像を浮き上がらせ、しかも三週間という短い期間内で仕上げなければならない苦労の多い作業である。

類似した作業に精神科医が実施する精神鑑定があるので、精神鑑定とは困難度に差はあるが、読者が理解しやすいようにあえて非行鑑別と精神鑑

表１　非行鑑別と精神鑑定の対比

	非行鑑別	精神鑑定
機能の意図	行政による改善	司法による公平
責任の所在	組　織	個　人
接近法	力動的心理学	精神医学
認識の核	価値・態度（非行性）	精神障害
資　質	広　義	狭　義
中立性	関　与	第三者的
時間性	未来指向	過去指向

（注：ここでいう精神鑑定は裁判所の命令によって行う本鑑定で、かつ古典的な司法精神医学を基盤にする精神鑑定とする）

定を対比してみた（表1）。

表を見ていただければ非行鑑別がどういうものかおおかた理解できると思われるので、細かな説明は省く。なお、誤解のないように付け加えるが、事例に異常性や病理性が疑われる場合は非行鑑別スタッフに精神科医が加わる。

■観護処遇の教育的機能　—時代の変遷

少年鑑別所の機能は鑑別診断ばかりではない。もうひとつの機能として、身柄を保全し安んじて審判を受けさせる収容機能がある。そして、そこには必然的に観護処遇に伴う教育的な効果が発生する。少年鑑別所は、規則正しい生活の中で日課を設け、少年に今までの生活を振り返らせ立ち直りのきっかけとなるように気づきを促している。行政上のアナウンスは鑑別診断機能であるが、実は少年鑑別所には収容機能から派生した観護処遇に伴う教育的機能が存在する。

ちなみに、わたしが矯正の世界に入った昭和四十八年ころは「治療教育的処遇」ということばがあった。少年法の精神である「健全育成」を旗印に観護処遇が活発に実施されていた。ところが、その後の社会における人権意識の高まりとともに、法律上少年院の「矯正教育」のように教育という文字が明記されていないという理由から、国の行政機関ゆえの用心深さもあって次第に健全育成の理念を積極的に口にする者が少なくなっていった。ところが面白いことに、最近、風向きが変わってきている。昨今の日本社会における規範意識の低下、心の荒廃の深刻化を受け、内閣府は平成十五年に「青少年育成施策大綱」を発出し、また学校教育界では、「徳育」なる教科設立が提言されるなど、社会に新たな動きが生じ始めている。そして少年矯正行政も、この変化に呼応するように「育成的処遇」なるものを言い出し始めた。

観護処遇の活性化に追い風が吹き出したということになるかもしれない。あるスクールカウンセラーは、「少年鑑別所には、社会が置き去りにしてきたものがあり、今の家庭や学校ではなかなかできにくいことができる」と羨ましがっていた。

■少年非行の推移

平成十九年版犯罪白書によれば、家庭裁判所新規受理人員及び少年鑑別所入所人員の推移は図2及び図3のとおりである。以下にこの資料をもとに統計的な分析を試みてみる。

図 2　少年保護事件の家庭裁判所新規受理人員の推移（単位：千人）

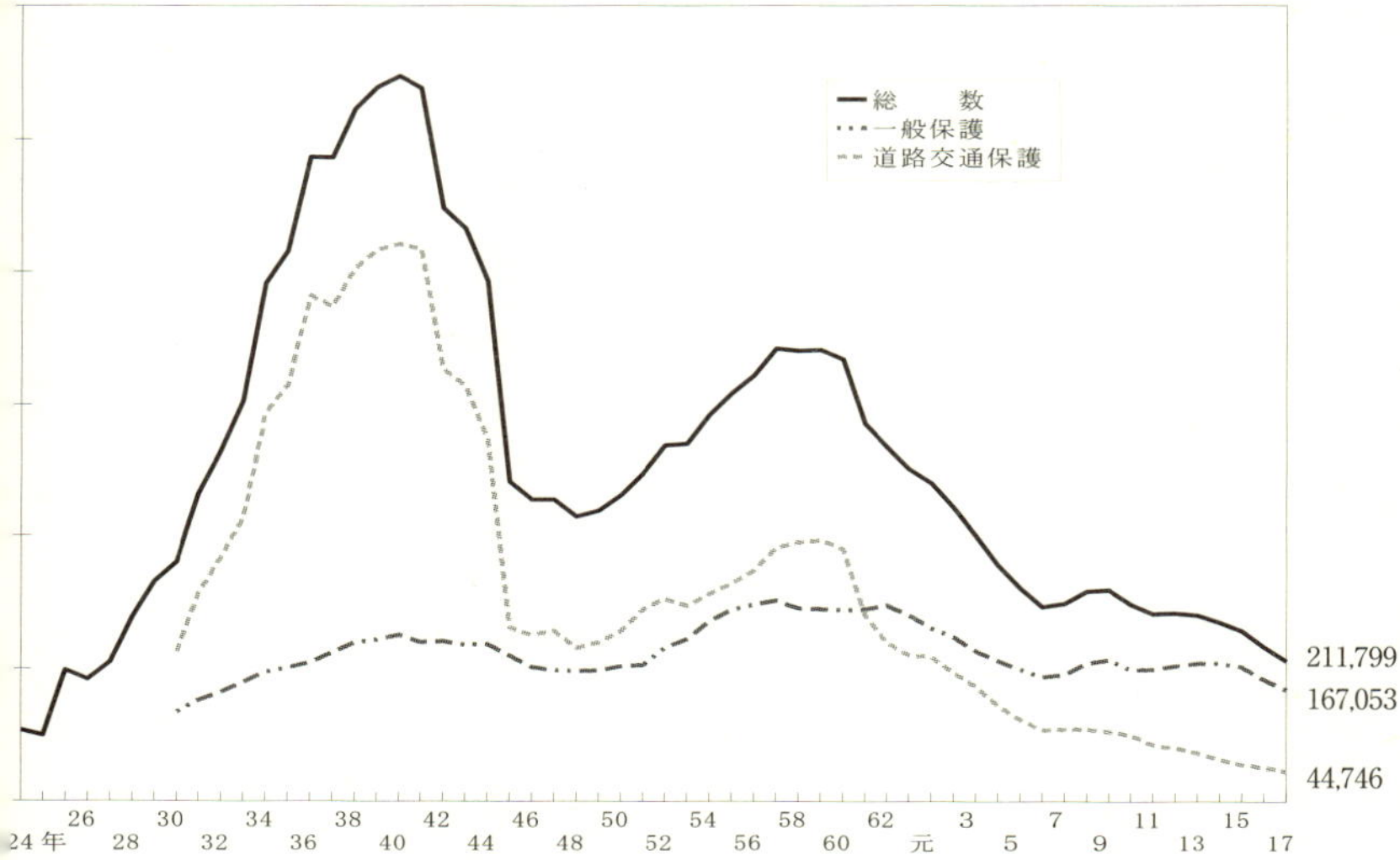

図 3　少年鑑別所新入所人員の推移（単位：千人）

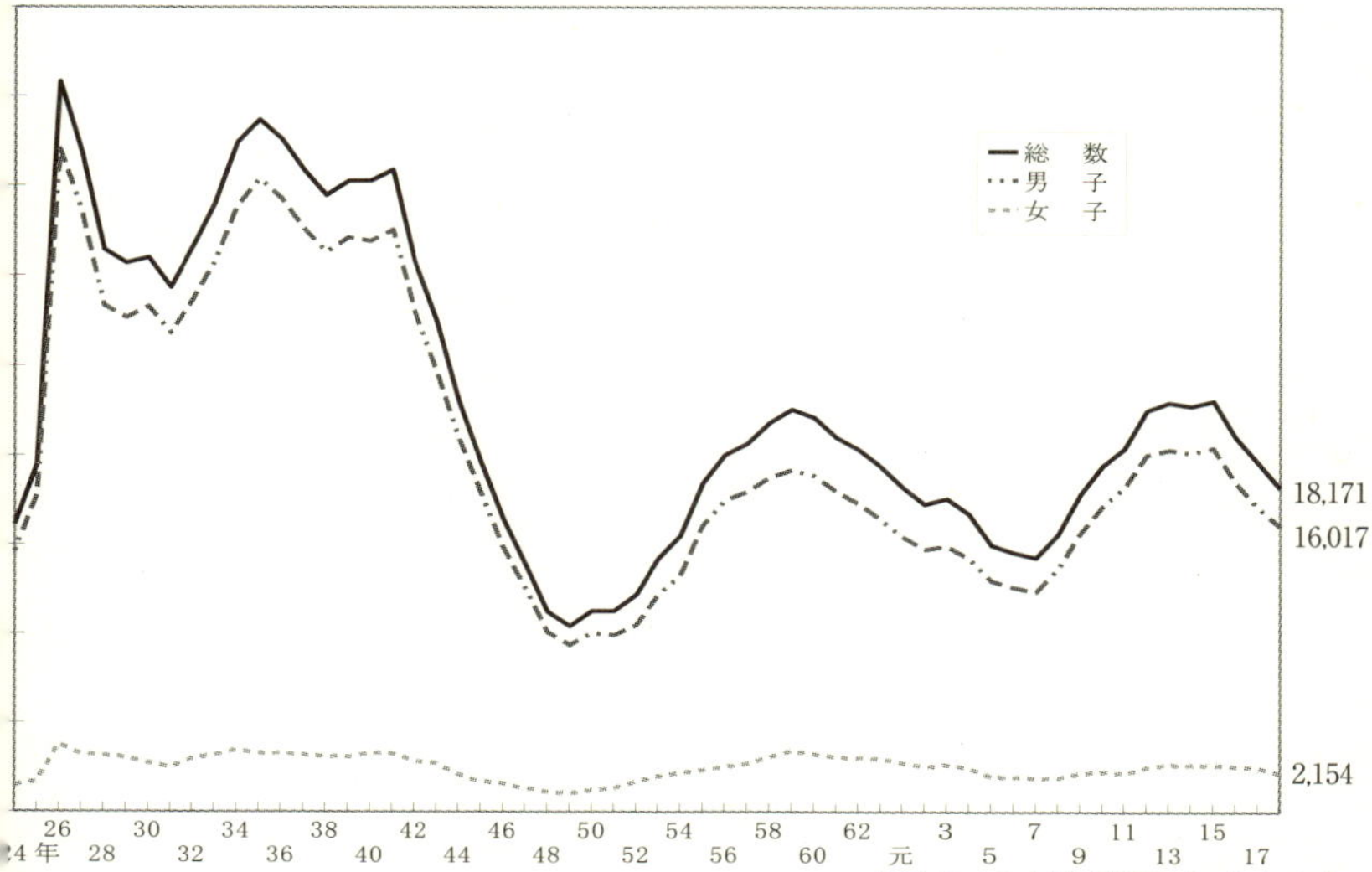

（平成 19 年版犯罪白書より）

非行の増減には、その時どきの社会背景が強く関与している。家庭裁判所新規受理人員は、戦後の経済的混乱から復興・成長に並行して右肩上がりで増加。やがて昭和四十年ころを境に減少し始め、昭和五十八年から昭和六十二年にかけていったん増加の山を形づくり、以後緩やかな減少傾向を示している。

少年鑑別所の収容人員も流れとして家庭裁判所新規受理人員とおおむね並行して推移し、家庭裁判所の受理人員が減れば少年鑑別所の収容も減ることになるはずだが、ただ、このふたつのカーブを重ね合わせて見ると微妙に曲線がずれている。すなわち家庭裁判所新規受理人員が昭和六十年ころをピークに減少し続け、一段の減少が平成十五年ころから始まっている兆しがあるのに対し、少年鑑別所では、収容減の大底は昭和四十九年前後であり、平成十五年はというと昭和五十年以降では一番収容数が多い収容増の山を形成している。

この家庭裁判所の受理人員と少年鑑別所の収容人員の微妙な差異を比較検討してみると、さまざまな事実が浮かび上がってくる。家庭裁判所受理人員のうち何パーセントの少年が少年鑑別所に入所したかという観護措置率をみると、昭和四十九年当時がいちばん低く、二パーセント台である。すなわち、このころは今より、非行を犯しても少年鑑別所に身柄をとられず在宅のまま調査審判が行われる割合が高かったことを示す。実際、わたしが少年鑑別所に勤務し始めたころは、現在ならば観護措置をとられるような性的非行が在宅で調査、審判が行われていた。当時は刑事政策が社会内処遇に傾いており、処分の軽量化が警察・検察、司法に存在していた時代背景があったと思う。

数年後、その反動のように家庭裁判所の受理人員、少年鑑別所の収容人員とも増加し始め、双方ともに昭和六十年前後に一つの山を形成している。その後、家庭裁判所受理人員は少子化の影響も受けながら一貫して緩やかな減少を示している。しかしながら、少年鑑別所の収容人員はというと、平成十五年前後に昭和六十年前後の山を超える収容増を示し、このときの観護措置率は昭和四十九年前後の三倍前後に当たる八パーセント台を示している。背景には少年非行の質的な深刻化、社会の非行に対する危機感等があり、加えて刑事政策上、今まで被害者側の視点がなおざりにされすぎていたきらいがあったとの反省から、犯罪に対する厳罰化の流れが少年保護事件にも押し寄せている結果であると思われる。

その他、統計に見る非行内容の変化として、昭和六十年ころをピークにいわゆるシンナー等乱用行為である「毒劇物取締法違反」が激減し、また暴走族の構成員数が減少の一途をたどっている。非行少年のサブカルチャーだったシンナーやオートバイは、今の若者には受けない、ダサいものになってきたのかもしれない。ちなみに、最近のガソリン代の高騰も今後の若者のオートバイ文化に影響を及ぼしそうである。

最後に、非行を犯した少年がどの程度少年鑑別所や少年院に収容されるのかを、具体的な数字で示してみよう。平成十八年の統計によれば、家庭裁判所新規受理人員のうち少年鑑別所に入所した観護措置の割合は八・六パーセント。平たくいえば、警察・検察が逮捕して家庭裁判所に事件を送致した非行少年百人のうち八・六人が少年鑑別所に入所している。そして審判の結果、そのうち二～三人が少年院送致の決定を受けている。これがわが国における少年矯正施設周辺の非行少年の実情である。

非行臨床ファイル1

少年期の逸脱性と可塑《かそ》性　―再犯率

非行を犯して次の犯行までの再犯率を何年のスパーンをもって調査するかで、再犯率は変わる。少年鑑別所の場合、年間百人の少年が少年鑑別所に入所したとすれば、六十五～七十人が初めての入所で、三十～三十五人の少年が二回目以上の再入所少年である。三十五パーセントの再入率を高いと見るか、低いと見るかは見解が分かれるところだが、一般刑法犯における少年と成人の比率を見ると、少年の割合は、昭和五十五年ころから平成十年ころまでの長きにわたって半分の五十パーセントを占め続けている。最近は、少子高齢化の進行などを背景に一般刑法犯に占める少年比が低下気味で、成人による犯罪の比率が上昇しているが、それでも、総人口に占める二十歳未満の少年人口と成人人口の圧倒的な差を考えれば、少年時代に非行を起こしていても、成人になれば非行犯罪を起こさなくなるという事実が浮かび上がってくる。少年期の逸脱性と同時に可塑性を表す数字である。

第二章　少年鑑別所の中の少年たち

■入所したときの少年たち

少年らはどんな気持ちで少年鑑別所に入ってきているのだろうか。彼らは、決して平気な気持ちで入ってくるわけではない。外見は大きな身体をしていても、あるいはツッパって横柄《おうへい》な態度をとっていても、内心では、皆、大なり小なりさまざまな不安を抱え、戸惑い動揺し、不安定な気持ちで少年鑑別所の門をくぐってくる。

入所早々の面接で現在の心境や心配事を尋ねると、しばしば次のような答えが返ってくる。その背後にある心情等も併せ列挙してみる。

「とうとう鑑別所に入った」

……少年鑑別所収容という現実を肌で実感。今まで警察に何回か補導されやばいと思っても、一方で、「大丈夫だろう。捕《つか》まっても家に帰れるだろう」と根拠のない見とおしで、ずるずると生活を立て直せずにいた。

「審判の結果」「少年院に送られはしないか」

……審判で下される処分は、少年にとって一番の心配事である。審判前になるとその不安が一段と高まりやすい。

「鑑別所でいじめにあいはしないか」

……社会における自分の加害・被害体験を重ね合わせて、所内でのいじめの不安を口にする少年がいる。

「隠していることがあるが、正直に言うべきか」「これを言ったら罪が重くなる」「先輩から口止めされているが、しゃべると仲間からどう思われるか」

……警察・検察の取調べは一段落しているが、少しでも罪が軽くなるよう自分がとった行為の合理化、矮小化《わいしょう》を行いやすく、供述が微妙な変遷をたどることがある。また、共犯者との関係で葛藤を抱き、事実を脚色したり、洗いざらい話すことにちゅうちょしている場合がある。

「学校はどうなるか」「友だちは事件のことを知ってどう思うか」

……義務教育である中学生と退学を余儀なくされることが多い高校生とでは、学校生活に対する反応はかなり異なる。また非行性が進んだ少年とそうでない少年とでも、反応がかなり異なる。

「職場にはこの事件は知れているのか」「もう首だろうか」「社長に顔向けできない」

……職場に定着し仕事にまじめに励んでいた少年ほどこうした反応が多く、自業自得とはいえ後悔と落胆は大きい。

「彼女に会いたい」「友だちはどうしているか」

……「審判結果」に次いで、彼女や友人のこと、特に彼女のことは気がかりなことである。彼らは一般少年に比べると家庭、学校、職場に居場所を持てず、それだけに、交際中の女友だちや同じような仲間に心の拠《よ》り所を求めていることが多い。

「親に面会に来て欲しい」

……社会にいるときは、勝手なことをしながら、自分が窮地に陥ると親に助けを求めたがる。わがままな少年に多い。

「親や家族のことが心配」

……親子の立場が逆転し、親のほうが少年を物心両面において頼りにしている場合がある。少年の中には、給料の一部を家計に入れるなど家族思いで孝行息子の側面を持つ者がいる。

「こうなったのはあいつのせい。まわりが悪い」「どうなってもいい」

……自分の非は棚に挙げて行為の責任を他人のせいにし、自己中心的でふてくされた言動を行う。

「被害者に対しすまないことをした」「被害者が何か言ってくるだろうか」

……被害者に大怪我を負わせた傷害事件やひったくり事件では、警察段階で後遺症や被害弁償のことなどいろいろ言われるようで、被害者のことを口にする者がいる。しかしながら、その内容はほとんど受け売り的、後悔レベルのもので、被害者のことまで考えが及ばず、自分のことで頭がいっぱいというのが実情である。

「捕《つか》まってよかった」

……非行をやめようと思っても、自分ではどうしようもなかった状況と葛藤から解放され、少年鑑別所に入って安どする少年がいる。

その他現実を受け入れられず、不安ばかり募《つの》り、退行的に泣きじゃくり、落ち込み、駄々をこねる。ストレスから食欲不振、不眠、ぜん息発作等の体調変調をきたす。未熟な女子少年の中には呼吸困難に陥ったり心因反応を起こす少女がいる。

また、審判の結果を意識し、まわりから少しでもよく思われようと見せかけの言動をする少年がいる。ただ、その彼らも日が経つにつれ徐々に反省心が芽生え始め、真剣に自分に眼を向けるようになることが少なくない。

■少年にとって少年鑑別所とは

平成九年の個人的資料だが、少年百名にとったアンケート結果を紹介してみよう。資料としてはやや古いが、今もさほど変わらないと思う。

①入所前の少年鑑別所についての感じや印象（複数回答）

・精神的、肉体的な苦痛を与えるところ　三六人
・物理的に劣悪な環境　二七人
・罰や刑を受ける　二二人
・自分の非行を反省する　七人
・性格などを調べる　五人
・長期間収容される　三人
・結構楽しい　三人
・その他　五人

②入ってみての感想（複数回答）

・よく反省できる　三三人
・先生が温かく親切　二五人
・規則正しい生活　一九人
・為になる日課がある　一一人
・厳しくてつらい　一一人
・意外に苦痛は少なかった　一〇人
・意外に娯楽の時間がある　八人
・環境が良かった　七人
・嫌な先生がいた　五人

③実際に生活して感じたこと（複数回答）

・過去を振り返ることができた　四三人
・将来への希望が持てた　一九人
・親の有り難味が分かった　一八人
・我慢、集中力、自信がついた　一三人
・規則正しい生活が身についた　一一人

・素直、冷静になった　九人
・本を読む楽しみが分かった　六人
・勉強になった　五人

■悩まない、悩もうとしない人たち

非行少年は、ストレスや不満を心の中にため込んで悩んでしまう人や体調を壊してしまいやすい人と違って、感情をすぐ行動にして発散するといわれる。彼らとの面接やテスト結果を通じていえることは、彼らは概してあまり悩まない、あるいは悩もうとしないタイプの人である。後先のことを考えず感情や欲求を実行に移してしまいやすい。そして、自分を守るために強がりやすいが、実は本当の自信や主体性に欠ける。

ただ、こうした彼らでも相応の刺激を受けると変容していく。彼らの具体的な姿をスケッチしてみよう。

◆考えることができ、自分と向きあえた　―変容

「鑑別所に入って毎日が暗闇でした。友だちとは会えないし、鑑別所は最低でした。自

分は、初めは「時」というものと戦っていた気がします。それが時が経つにつれ、「自分の心」と戦うようになりました。「自分の心」と戦うようになったことが、自分の大きな成長かもしれません。今思えば、鑑別所に入って良かったのかもしれません。あのまま、毎日欲望のまま生活していたら、自分の将来に絶望していたかもしれません。それと、親が時間をかけて面会にきてくれ、外にいるときはあんなに無視していたのに、面会をどこか楽しみにしていました。鑑別所に入ってはじめて親の有り難味が実感できました。もう一つ自分にとって大きかったことは、勉強ができる環境になれたことです。ここに入る前は勉強する気にもなれず、ふらふらしていましたが、ここに入って勉強なしに将来はない、何もできないと思うようになりました。今は新しい一歩を踏み出そうという気持ちでいっぱいです。鑑別所は、自分をしっかり見つけることができる場所でした。ここでの経験を大切に心にしまって生きたいと思います」

以上は、ある少年が審判を前にわたしに語ったことばである。このことばから彼らのいろんな心情をうかがい知ることができる。人間は、時には一人きりで自分を見つめる時間と空間が必要なものである。特に非行少年は不適応の負の連鎖にはまりこみ、物事を客観視できにくくなっているので余計そうである。

少年らの変容を裏づけるものとして、面会に来た親のことばがある。多くの親は一様に「子どもの目つきが変わった。表情が柔らかくなった」と驚く。表情の険しさやとげとげしさがなくなったという感想は、面会に来る学校教師や取調べに来る警察官の口からも聞かれる。

彼らだって、本当は立ち直りたい気持ちを秘めている。少年鑑別所という、社会から切り離された雑音のない生活空間の中で自分に目が向き、それまでの自分勝手な行動について振り返ることができる。彼らはまだ十分な可塑《かそ》性を秘めている。

◆礼儀と社会常識

少年たちは「礼儀を教えてもらった」、「世の中というものを教えてもらった」と言う。少年鑑別所は特に厳しい礼儀作法を指導したり、強要してはいない。「おはようございます」、「いただきます」、「ごちそうさまでした」といったごく当たり前のあいさつと、乱暴なことばは使わないようにと指導するくらいである。日課にある講話やＳＳＴという処遇の中で、人としてのふるまい方を示唆する程度である。しかし、彼らにとってはこれらのことが新鮮に映るらしい。それだけ社会で基本的な礼儀作法がないがしろにされている証左《しょうさ》かもしれない。

子どもが小さいころは、家庭でも学校でもあいさつの大切さを指導しているはずである。しかし、子どもたちは小学校、中学校と学年が上がるにつれ、あいさつをしなくなる。ちなみにわたしが在職中、拘置所の官舎に住んでいたころ、当時幼稚園児の息子が、拘置所に面会に来ていたやくざ風の男性に向かって、「おじちゃん、おはよう」と元気よくあいさつをし、それを見た家内は驚き慌てたらしい。相手の強面《こわもて》のおじちゃんはというと、戸惑《とまど》ったように小さい声で「おはよう」とあいさつを返したとのことである。子どもが被害者になる事件が報道され、家庭でも学校でも知らないおじちゃんから話しかけられたら、口をきかず逃げるようにという指導をするようだが、微妙な問題ながらこれも行きすぎると社交性が育たず、コミュニケーションが苦手で、他人のことなどは眼中にないジコチュー人間の増産につながりそうな気がする。

閑話休題、わたしは「あいさつの大切さ」というテーマで少年にしばしば講話を行っていた。職場で「おはようございます」と元気な声であいさつをすれば、雇主や上司は「感じのいい若者だなあ」と好感を持ち、声をかけるときも好意的な口調になり、それが当人にとっては、「感じの好《い》い先輩」、「やさしい社長さん」ということになる。仕事へのやる気が増し、するとその働きぶりを見た先輩や社長は、今度は昼飯のひとつでもおごろうかという気になり、好循環の輪が生まれる。いつもこううまく行くとは限らないが、あいさつひとつできなければ、「何だ。こいつは」と悪印象を持たれやすく、少年のほうも相手のこうした感情は何となく分かるもので、ちょっとしたことでふてくされ反発してしまうことになりやすい。

あいさつひとつで良好な人間関係が成立し、職場生活に充実感を持て、反対に第一印象が悪かったために関係がはじけてしまう。世の中はこんなものである。社会生活におけるあいさつの大切さの話に、少年らは顔を上げ真剣に耳を傾ける。実は、高校を中退したりして否応なしに社会に出ていかざるを得ないことが多い彼らには、学校に行っている学生・生徒より早くに礼儀や常識を求められる現実がある。

◆貼《は》り絵が楽しかった

「貼り絵」の楽しさについて触れる者が多い。「初めのうちは嫌だったが、やり出すと結構楽しくて、できあがったときはヤッターという感じでした」、「やっている間、集中でき落ち着けた」、「こんなに一つのことを真剣にやったのは初めて」と述べる。ボールペンで色紙をつつきながら少しずつしかはかどらない根気の要る作業を見ると、わたしにはとうていできそうにないが（彼らもやる前はそう思っていた）、やり出すと面白いらしい。中には、できあがった「作品」を自慢げに見せたがる少年がいる。

この背景には、人間が持つ成就・達成の喜びが関係している。たかが貼り絵と馬鹿にするなかれ。少年鑑別所に入ってくる少年らは概して能力が低く、取り柄がなく、学校でも何かをやってほめられ認められた体験などほとんどない、いわゆる〝落ちこぼれ〟である。それだけに小さなことのようでも最後まで成し遂げた喜びはひとしおらしく、こちらがびっくりするくらいである。

ひるがえってわたしは、人の成長には達成感や成功体験を味わわせ、周囲に認められ、自信を持たせることが一番重要であると思っている。周囲の大人たちはこのことをどこまで理解し、実践できているだろうか。人の欠点を指摘するばかりでは子どもは自信をなくし、意欲も培われない。人の能力には優劣がある。でも個性や持ち味があるはずで、努めて長所を見つけよう。一つの物差しだけで人を測ってはいけない。どんな事でもかまわない、その人なりの頑張りを示せば、少し大げさでも構わない、遠慮なくほめることが大切である。人との比較でなく、彼の個性を見て評価してやることである。当人はおだてられていると分かっても、人間、ほめられて悪い気はしない。次のやる気が湧いてくるものである。

◆良いことは良い、悪いことは悪い

少年鑑別所の教官の評価は概して悪くない。その理由として多いのは、「話しかけてもらったこと」、「いいことをすればほめてくれるし、いけないことをしたらきちんと注意してくれる」、「真剣に考えてくれる」などである。反対に負の評価としては、「疑いの目で見るのは直して欲しい」、「最後まで話を聞いてくれない」、「偉そうにしている先生がいる」などと、およそ批判されて当然の内容である。そして、これらの少年の感想には、少年鑑別所の処遇にとどまらない教育の本質が散りばめられている。

法律を破った少年たちの口から是々非々《ぜぜひひ》のこと、人間的な関わりのことが多く語られることに、一般の人々は軽い驚きをもたれるかもしれないが、彼らの心の内にある、思っていてもできない、分かってもらえない、望みがかなえられないといった悲しみ、苛立ち、行き詰まりが、非行という形で発現している背景を理解しなければならない。周囲は、少年の虚勢を張った外見に気圧《けお》され引いてしまいがちだが、彼らは反抗的な言動をしながらも、実は相手の反応をうかがい、どの程度の人間なのか試していることがある。「罪を憎んで人を憎まず」ということばがあるように、少年非行の指導教育に携わる者は、一個の人格として彼らを認め、人間的な関わりあいを持つことが何よりも重要である。彼らの声と心に真摯《しんし》に耳を傾け、その上でおかしいことはおかしいと指摘する。働きかけの土台となる人間的なふれあいや信頼関係があれば、少年らは意外と反応する。

親は子どもの好き勝手にさせ、学校は教育に自信を失い、職場には頼りになる上司がいない。地域社会は隣で何があろうとも知らんふりの今の世の中である。少年鑑別所は、ひょっとすると社会ができなくなったことができる数少ない貴重なところになっているのかもしれない。

◆対人不信、反発、ひねくれ

残念ながら、少年鑑別所に入ってもまったく変わらない少年がいる。例えば、小さいころから悲惨な家庭環境の中で育ち、その後も親代りになるような人との出会いや愛情に恵まれることなくきた少年は、歪んだ屈折した感情を持つことが少なくない。人や世の中を信用できず、拠《よ》り所をもてないまま社会で漂流してしまっている。面接しても反応は表面的で通じが悪く、心に潤いと弾力性を失いがちである。

また、横柄な態度をとり続け、教官のことば尻をつかまえては反抗する少年がいる。青少年期の一時期に見られるような単純な反抗ではない。自分を非行犯罪者に同一視し、価値観のゆがみを取り入れていっている。処遇に当たる側は、こうした少年には苦労させられ相当なエネルギーを費やさざるを得なくなる。

■審判――一番の関心事

少年らは大なり小なり「少年院にやられはしないか」という不安を抱いている。審判は彼らにとって最大の関心事であり、心配事である。そして、人間の当然の心理として自我防衛機制がはたらき、正当化や責任転嫁によって罪の軽減化を図ろうとする。共犯者との絡みで正直に話せない事情に悩んでいる少年も存在する。自分の行為を直視できず、非行事実を認めない否認に転じる少年もいる。

ただ、少年らは自分がしたことが社会正義にもとる行為であることは頭の片隅で少年なりに分かっている。家庭裁判所調査官や少年鑑別所の技官・教官は調査鑑別の過程で、少年に対し問題をていねいに指摘しながら再出発のためにはどうあればいいのか、気づきを促す働きかけを行っており、それとともに、少年は行為の重大性や自分の問題性を徐々に振り返り、「厳しい処分が下っても仕方ないな」と覚悟をするようになっていく。観護措置の段階で審判までに適切な処遇を行えば、たとえ少年院送致決定を言い渡されても「仕方がない」と処分を受け入れるようになる少年は少なくない。

■面会の風景

親子の面会場面には、家庭のあり方や親子関係などが如実に表れるもので、非行の背景を理解するうえで興味深い言動がたくさん観察される。

十六年前に面会の実態を調査したことがあるが、当時と最近とを比較しての明確な相違は面会回数の増加である。その背景と分析については、別の機会に譲るとして、ここでは、面会場面で観察される親子関係を便宜的に類型化し、少年側からと親側からとに分けて考察してみる。

親の様子

①慰め型………愛情はあるが、まるで病気見舞い。気づかう、泣く、機嫌とり。
②指導・叱責《しっせき》型　愛情がなくはないが、頭ごなしの説教にかたよりがち。一方的に叱る。
③友人仲間型…非行のことを話題にすることはなく、友人のことや世間話が中心。ピクニック気分、内心遠慮。
④普通型………愛情、理解、説諭《せつゆ》などが中くらいのもの。
⑤相互理解型…問題解決にかかる建設的なもの。

少年の反応

①反省型………自分の行為を悔いる。迷惑をかけたとあやまる。
②自己本位型…自分の行為への反省はなく、自分勝手な言い分と要求ばかり行う。時に哀願。面会は少年主導。
③友人型………お友だち関係。反発は少ないが、親の意見を軽く聞いている。マイペース。
④反抗型………反発し、不満を述べる。ふてくされる。親子関係に緊張・葛藤《かっとう》が存在する。
⑤普通型………親愛、服従、自制が中くらいのもの。
⑥相互理解型…問題解決にかかる建設的なもの。

実務上の感覚として、親は①慰め型、③友人仲間型、④普通型が同じくらい多い。少年は③友人型、②自己本位型が多く、次に⑤普通型と①反省型が続く。④の反抗型は、親子関係に深刻な緊張や葛藤がある場合などは親の面会自体があまりなく、必然的に割合は小さくなる。

総じて、保護監督力を感じさせる親はきわめて少数で、親の権威は低い状況と言わざるを得ない。②の親の指導叱責型も一昔前に比べ減少している。もちろん、実際の面会場面では諸相が入り混じっており、例えばベースは「友人型」でも「反省型」や「相互理解型」の側面の動きが見られ、二度目、三度目の面会では初回のときのそれと違った展開を示す場合がある。初めから相互理解型の面会を示す事例は稀だが、所内生活をとおして少しずつ内省が進んでいき、家庭裁判所調査官や技官・教官の面接とともに、親子の面会のありようも少しずつ変化し、それぞれに洞察が生じ始める事例は珍しくない。

面会が少年の内省、親子関係の改善に果たす役割は小さくない。少年の感想で、「嬉しかったこと」と「悲しかったこと」の両方の質問に対する答で多いのが「面会」のことである。「面会がある」と嬉しいし、「面会が一度もない」と悲しいのである。少年は、家にいるときは親の注意をうるさがり、反発し悪態もつく。ただ、少年鑑別所に収容されると孤独感がつのり、心細い気持ちになる。親の顔が思い浮かび、社会で親に対してとった自分の行動を思い出しながらいろんな感情が交錯し、そして親が自分を見捨てずにいてくれるのか心配になる。「何だ、情けない。自分が困ったときだけ」という意見を持つ読者がいるかもしれないが、囚《とら》われの身になったときのひとりぼっちの心細さは、少年にとってはまさに危機場面であり、この状況での親の存在は大きい。少年は、収容をきっかけに自分に眼を向け、人の話に耳を傾ける姿勢を持つようになる。

一方、すべての親とはいわないまでも、親のほうも、このままではいけない、子どもがこうなったのは自分らのせいではないか、接し方に改めるところがあるのではないか、これを機会にまじめになって欲しいという反省や願いを持つものである。ただし、自分らが具体的にどう対処すればよいか戸惑い、誰に相談してよいか分からず右往左往しているのが実情である。自分の意見を伝えたい気持ちはあっても、子どもを前にすると自信がないためちゅうちょし、自分への後ろめたさがあったり、子どもの反発を怖れたり、問題を感じていてもあいまいにして解決を先送りしやすい。実は、このときに専門家の的確な介入と援助があれば、新たな展開を示すかもしれないのだが。

非行臨床ファイル2

刺青《いれずみ》の代償

人生には失敗は付き物で、それを肥《こ》やしに頑張れば取り返しがつくことがほとんどである。しかし、中には取り返しがつかないことがある。

背中から二の腕にかけ刺青をした少年が少年鑑別所に入ってきた。やくざの事務所に出入りしている間に彫ったものである。親には、職場の寮に入って働いていると嘘を言っていたが、逮捕される直前に久しぶりに帰宅していたとき、母親に背中一面の刺青を見られた。母親は相当落ち込んだらしい。そして、母親は、少年が逮捕され少年鑑別所に入っている時に自殺を図り、数日後治療の甲斐もなく帰らぬ人となった。その後、彼がいかなる道をたどったか知らない。しかし、彼の心には、母親が自分の刺青を見てショックを受け命を絶った事実が深い傷になり、いつまでも残り、一生消えることはないだろう。

また、全身に見事な刺青を入れた組長跡目候補の少年がいた。面接のたびに、彼はやくざから足を洗い正業に就くことを口にしていたが、少年の意思に関係なく、刺青が一人歩きする将来の姿を連想せざるをえなかった。

わたしは、こうした悲劇がなくなるよう、少年に対する講話の時間に、弱い自分を補強するために刺青の力を借りていること、そして刺青は取り返しのつかない代償を払うことになりかねないことについてよく話をした。

第三章　非行少年の世界

■非行犯罪とは

皆さんは、非行犯罪についてどう思われているだろうか。この本の読者は少年非行に当然関心がある方々に間違いないと思うが、実は、わたしを含めて、いつ何どき誰もが非行犯罪に手を染めるかもしれない危険性を秘めている。何も特別な人間だけが非行犯罪者になるわけではない。

それまでまじめに学業生活を送っていた青少年が殺傷沙汰を起こしたり、すべてを手に入れ人生の成功者と見られた大人が犯罪に走った例は枚挙にいとまがない。誰しもが何らかのきっかけで非行犯罪者になるかもしれない身近な出来事なのである。あなたと机を並べて仕事をしていた人が犯罪者になっていないだろうか。あなた自身、何かの拍子で非行に陥る危険性を持っていないだろうか。自分のこととして思い起こしてほしい。非行犯罪者と普通の人々は同じ地続きの中にいる。

少年非行に目を転じれば、少年たちは形《なり》は大きくなっているが、中身はまだ自分というものができあがっていない。そのため、彼らは環境の影響を容易に受けやすく、さという事柄をきっかけに感情不安定に陥り、逸脱に向って走りやすい。だからこそ教育や処遇ということばが重い意味を持ってくる。

■捕《つか》まる危険を冒してまでなぜそんなことするの?

「なぜ悪いことをするの」という素朴な疑問から非行を考えてみよう。直接的な動機としては、財産犯は金目当て、性犯罪は性欲、暴力犯は攻撃性に基づくものである。しかしながら、これら非行犯罪の背景にある心の中に目を向けていくと、情緒的、非合理的なやり場のない感情に動機づけられている事実が浮かび上がってくる。計算づくで非行をしている非行少年なんてほとんどいない。彼らは、損得勘定とは程遠い感情で動かされている。知性の一指標である知能指数が高くても、非行犯罪を起こす人はたくさんいる。進化の過程で後づけされた理性を司る大脳皮質など脆《もろ》いものであり、人間のベースは感情である。

非行少年だって非行が悪いことくらい分かっている。客観的、現実的、合理的な判断を超える、どうしようもない情緒的、衝動的、非合理的な力に駆られるのである。事件が発覚し警察につかまる危険や、場合によっては少年院送りとなるかもしれない将来の不利益を現実のものとして実感できないのである。ひょっとして捕まるかもしれないといった将来の不利益を心配するより、とにかく現在の不満な状況から逃れたくて、目先の快楽や手っ取り早い形の安定を求め、非行に及んでしまう。非行は悪いことと理屈では分かっていても、今の苦痛、寂しさ、虚しさ、苛立ちを回避、解消することのほうが切実な問題である。したがって第三者から見れば、犯行が発覚し警察に捕《つか》まることは当然予想される、馬鹿らしいことであってもやってしまう。これが非行なのである。

相談できる人もいない、自分に居場所がない不安定な状況では、客観的には誰が見てもよろしくない危険な不良者であっても、親身になって心配してくれれば少年にとっては善い人である。一時的であっても現在の孤立無援の苦しい状況に救いの手を差し伸べてくれる存在なのである。はたからは連れ回されている、利用されている、あるいはいじめられているとしか見えなくても、当人にはそうした被害意識はない。むしろ彼と一緒にいることで安心感を得、恩義を感じていることとすらある。少年は、心の支えになってくれる彼に無批判に同調、追従する。

人格面の強化を踏まえた教育や処遇を考える場合、こうした少年らの心を理解して行わないと効果は上がらない。改善更生には、人間が損得を計算した上で行動することを前提にした働きかけのみでは限界がある。彼らの心に寄り添い、内面を理解しながら援助していく必要がある。

非行化と非行利得

少年鑑別所に入ってくる非行少年の半数は実父母がそろっていない。知能も平均以下の者が多い。優れた運動能力や芸術・音楽的才能を持つ者もほとんどいない。

しかし、そもそも世の中というものは特別才能や環境に恵まれていない大部分の人々で構成され、彼らは普通に社会生活を送っている。恵まれていない人でも非行犯罪をしていない人はごまんといるのである。何が言いたいかといえば、外形的な不遇要因があっても、それをカバーするものが存在すれば、親がいないといったことは問題にならないのである。外形的な不遇要素に、何らかの要因が加わって実際の負因となって動き出したとき、「心の充たされなさ」が膨れ上がり、人はゆがんだ方向に歩み始めてしまう。

実は人がまっすぐ生きるためには、たとえ親がいなくても親代わりとなる人との出会い、まわりから受け容れてもらっている安心感と心地よさ、課題に頑張ってほめられ認められる体験、努力することの面白さと充実感、物事をやり遂げた達成体験を持つことが非常に大切なことである。非行臨床の現場において一番痛感することは、非行少年はこうした達成の喜びを感じたり、人からほめられたり、受容されたりといった自己肯定できる生活体験をあまりにも持っていないということである。これでは、人間の健全な成長に必要な「頑張るぞ」という前向きな意欲、「自分だってやれる」という自信や主体性は養われず、ひいては悪に対する免疫力や抵抗感もなかなか養われない。

非行のきっかけとして、親や周囲に対する「反発」、「あてつけ」、「関心を引きたい」などの動機から始まる事例は少なくない。そして一時的であるが、逸脱行動には逸脱がもたらすメリットと精神的な快感があることについて触れておきたい。

具体例を挙げよう。もともと人間は人から「好かれたい」のである。ところがその願いがかなわず、親からかまってもらえず、学校では級友から軽く見られ、ときにいじめられ、毎日が不安で自分に自信を持てなかったとする。そこで思い切って不良グループに入り、ツッパリ、反抗してみた。すると、その逸脱行動にまわりはびっくりし、彼を遠巻きに見るようになる。親はなにやかやと気をつかうようになる。自分を小馬鹿にしていた者は自分を怖がり、機嫌をとるようになる。自分のちょっとした言動が周囲に波紋を起こし、それまで小さな存在でしかなかった自分が皆を恐れさせる有利な立場に立ち、自分が強くなった感じがする。まわりより優越感を持てるこの快感は今まで経験したことがない心地よさである。こうなると非行はパワーであり、簡単には止められなくなってしまう。疾病利得ならぬ、いわば非行利得が発生してしまう。

援助交際と称される女子少年の性的非行の中にも類似した心理が見られる。性関係によってモノ・金を得られる快感は、「した者でないと分からない」とうそぶいた少女がいた。しかし、この快感は全部が全部、物質的なそれのみではない。同年代の少女と違う大人びた体験をすることで、上に立ったような優越感と精神的な快感が得られるのである。いくら周囲が自分を粗末にしてはいけないと説諭しても、それまで相手にされなかったのに、性的行動によって〝たくさんのもの〟が得られるのである。相手の異性からは、たとえその場限りであってもちやほやされ、相手にしてもらえる。たとえ一時的な快感でも物心両面において充たされるのである。

彼らのこうした心の理解なしに、周囲が立ち直らせようと口で厳しく言って聞かせても、聞き飽きた説教にすぎない。心の充たされなさや寂しさを埋めてくれる、非行利得を超える出来事や人との出会いがなければ彼らの逸脱はなかなか収まらない。

■少年に多い集団非行　―その向こうにあるもの

発達上、家族より友だちのほうを大事にしやすい少年期の非行は、成人犯罪に比べ仲間等の共犯者を伴った集団非行が多い。

少年に、非行の動機を問うと、「仲間の手前、格好をつけなければならないし、やらざるを得なかった」、「意気地なしと思われるのが嫌だった」、「仲間はずれにされたくなかったから」と語る。互いの存在が弾みになって逸脱行動はエスカレートしてしまいやすい。その最たるものが時として凄惨を極める「傷害致死」事件である。少年らは、社会的に認められた形の適応に失敗した分、不良仲間を心の空白を埋める拠《よ》り所にし、不良集団に所属することで安心感を得ようとする。それだけに仲間内の目を意識して気負い、認められよう、軽視されまいと外に向って虚勢を張り、また、受けを良くしようと仲間に気をつかい、友だち思いの言動をする。そして非行場面になると、集団心理が加わってその時の雰囲気のまま、それぞれが調子づいて突っ走ってしまう。この時は、事の是非などまったく後まわしになってしまう。常識的な規範や被害者がかわいそうといった感情はどこかに吹き飛んでしまう。よしんば、そういうことが頭をよぎっても口に出せない状況である。弱い者同士が互いに傷をなめあうように、仲間との関係を最優先させ、互いに依存し合う。自分に対する自信や本当の主体性が育っていないゆえに行動は過激になりやすい。

ひるがえって、集団の中に埋没してしまいやすい個のなさは、特に非行少年に限ったことではない。価値観の多様化、個の主張、権利としての自由が声高に叫ばれる昨今、それぞれが勝手なことをしているが、一方で、日本的な共同体の感覚だけは底辺のところで根強く残っている。ドライといわれる今どきの青少年も、身近な友だちの意向やまわりの動きには敏感で、仲間はずれを何よりも恐れる。携帯電話で四六時中、友だちと連絡を取っていないと安心ができないという心理もこうした心の動きを裏づけるものである。

日本は資本主義経済の国だが、集団主義に支配されやすい国家の政治構造と国民の精神構造が基底に存在する。もともと個人より周囲の雰囲気や集団を優先させる国民性である。それが美徳にもなり、謙譲、思いやり、道徳性といったプラスの側面を持っていたはずだが、いつのころからか個人主義の取り違えが起きて、良いところが少しずつなくなり利己主義だけはびこるようになってしまった。昔ながらの目に見える地域共同体の結びつきは薄れた。しかし、負の側面となりやすい、まわりの動きにとらわれ左右されやすい心性は心の奥底で引きずってしまっている。これが現状である。

こうした日本人の心性は、マイノリティである非行少年において負の形で顕在化、尖鋭《せんえい》化しやすい。能力的にも環境的にも恵まれない中で不適応の連鎖に入り込み、彼らの行動は〝落ちこぼれ〟の分、感情優位になりやすい。個の弱さを補おうとして同じような仲間との結びつきを強め、仲間と一緒になって集団心理的に身勝手な自己主張と行動が増幅する。

増える粗暴非行

平成十四年版犯罪白書において、昭和五十三年から平成十三年において、少年鑑別所収容者に占める強盗・傷害・恐喝の粗暴非行の割合が倍増している事実が指摘されている。図4に示すとおり、昭和五十三年は十五パーセントだったのが、平成八年前後から急増している。その後も平成十八年までおおむね三十パーセント前後の数値を保ちながら、横ばいで推移している。

　現場の感覚としても、警察の検挙方針の影響といいがたいほど暴力的事案の増加を感じ、特に集団による激しい粗暴行動には驚かされることがある。平素の少

図4　少年鑑別所入所少年に占める強盗・傷害・恐喝の比率の推移

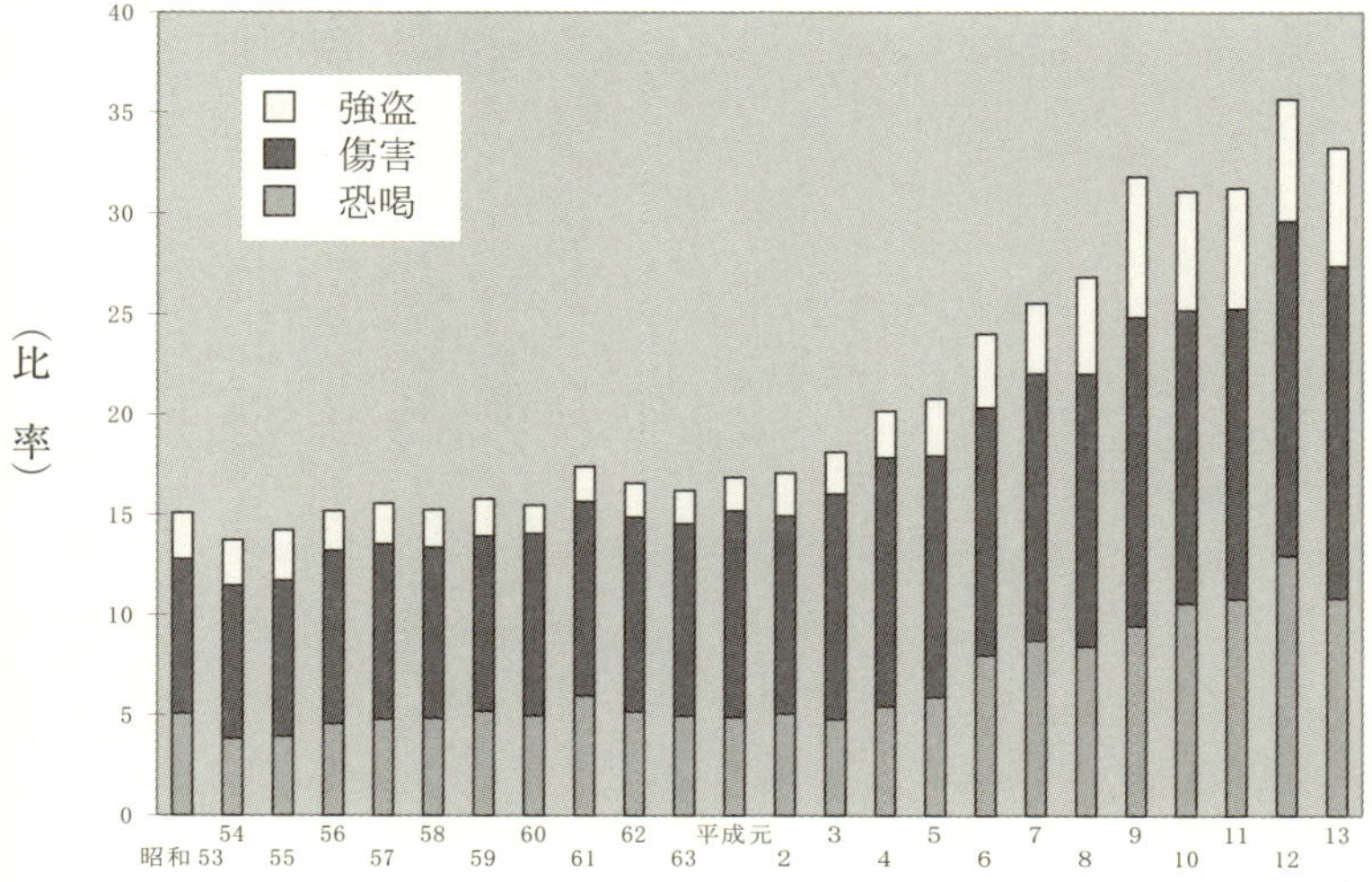

（平成14年版犯罪白書より）

年の様子からは、以前の非行少年より荒っぽさや強さが強まった印象は特にない。しかし一方で、なかなか自分の非を認めたがらない自己中心性が目立つようになっている。自分が悪くても、そのことになかなか眼を向けようとしない。身勝手な言動が相手を不愉快にさせているにもかかわらず、注意してもなぜ叱られているのかピンとこないふうで、ときに相手の態度に逆切れしたりする。

大人社会の話になるが、以前は「すみません」という人が結構いた。あいさつ代わりのように使う人もいるが、最近は自分が悪くても「すみません」という人は少なくなった。客観的には場と状況に応じて使用すべき謝罪のことばではあろうが、とりあえず「すみません」ということばはその場を丸く収める効用があった。自分の非は棚に挙げ自分の権利ばかり主張して周囲を非難する態度は、日本の社会全体に浸透しているようである。こうした風潮は、適応に失敗し、被害的、攻撃的になりやすいマイノリティの非行少年において顕著に現れる結果になっている。以前は比較的単純な非行少年が多かったが、最近は理屈っぽい少年も目立つ。

非行は社会を映し出す鏡と言われるように、非行少年も彼らの親も社会の影響を受けながら生きている。最近とみに強まってきている人間関係におけるストレス、まん延する拝金主義、人との絆の喪失、モラルの低下などの影響を受けながら今を生きている。

とりわけ彼らは、資質面でも環境面でも恵まれていないため、悪循環的に負の影響を受けやすく、行動も尖鋭《せんえい》化する傾向が強い。

■いじめについて

少年たちと話をしていると、彼らは概して「いじめ・いじめられ」に敏感であり、特に女子にこの傾向が強い。やや資料は古いが、平成八年に「いじめ」をテーマに宮崎久生が少年鑑別所に入所している少年にアンケートをとった調査結果によれば、男子は、いじめの被害体験のある者が三十二パーセント、加害体験が四十三パーント、女子は被害体験五十六パーセント、加害体験は六十三パーセントという報告がなされている。

いじめ・いじめられの問題は、非行少年に限らず、今どきの一般の少年少女全体に共通する大きな関心事のひとつで、少年との面接の中で話を聞いていると、小学校高学年ころから問題になることのようである。こうしたことにエネルギーを費やさなければばならない子どもの生活に不健康さを覚えるが、最近は子どもの世界のみならず、大人の社会でもいじめがあるらしい。生きにくい時代になったものである。

少年鑑別所に入る中学生には、いじめられていた者が自分を守るためにいじめる側に回って弱い者いじめをするという、被害者から加害者に転じる事例が少なくない。何かのきっかけでいじめる側といじめられる側が交替してしまったりすることも珍しくない。いじめる優勢な側に立っていても安心できない。だから、絶えず仲間と携帯電話で連絡を取っていないと落ち着けない。また、人間にはさまざまなストレス対処法があるが、普段自己主張できないおとなしい子どもの中には、充満したマグマが突然噴出するように、いわゆる逆切れといおうか、それまでの少年からは想像できない激しい反撃行動を起こすことがある。そして一方では、度重なるいじめを受け追いつめられ、自ら命を絶つ少年がいる。

現在の世相は、非行少年の犯行態様に確実に影響を及ぼしており、粗暴性を帯び、加減が分からず抑制が利かなくなりやすい。自己中心的な欲求を抑制することなく、阻害するものに対しては直情的に感情をぶつけてしまう。最近、粗暴で過激な非行が増えてきたというのが、非行臨床に携わってきた者の実感である。そして、非行少年と一般少年の間には一部の領域でボーダーレス化が起き、彼らを区別する境界はあいまいになってきつつある。

■貧困感からの非行

ここ数年、少年と面接していると、昨今の格差社会を反映するかのように、貧しさを口にする少年が増えてきつつある。もともと非行少年の家庭は裕福な家庭が少なく、最近の日本経済の低迷は早々と非行少年の家庭に押し寄せ、彼らも物心両面で影響を受けるようになっている。

わたしが子ども時代の昭和三十年代までは、日本人は皆が貧しかった。でも、自分だけでなく皆が貧乏だったため、貧乏を貧乏とも思わず、貧乏を当たり前のこととして受け入れていた。今日より明日、明日より明後日と明るい将来を何となく感じていた気がする。

今は違う。周囲に過剰なほどモノが溢れ、消費・所有の欲求が刺激される一方で、皆が将来に混とんとした不安を抱き、ぎすぎすした世の中になっている。物質至上主義と拝金主義がかっ歩し、一部の者だけが利益を得る社会構造が目立つようになっている。マスメディアがしきりに社会の格差を報道することの影響もあるだろう。非行少年もこうした格差社会を敏感に感じ取り、「自分だけ」豊かさやモノを享受できないという不満とねたみを抱きやすくなっている。

自分だけ恵まれないい、疎外されているというねたみの感情ほど行動に凶暴性と激しさを倍加させる厄介《やっかい》な代物はない。今は昔より格段にぜいたくになっているが、貧しい時代を知っている団塊世代あたりまでの人間は、世の中が不景気になってモノがなくなっても「昔にもどるだけでどうにかなるさ」というどこか楽天的な感情を持てるのに比べ、今の少年の世代は生まれ落ちたときから豊かな生活を享受してきているだけに、失っていくことに敏感になりやすい。現在の非行少年の親も高度経済成長真っ盛りの昭和三十五年〜四十七年生まれがほとんどで、すでに子どもと一緒の感覚であり、子どもに対する社会からの圧力を和らげる緩衝材の役割を果たせていない。親子ともども周囲あるいは以前と自分の今の状況とを比較して貧困感とひがみを募《つの》らせやすくなっている。

非行少年が内在させがちな精神的な不充足感が被害的、攻撃的な態度をもたらし、代償的に物欲を肥大化させている側面も大きいが、最近の青少年の非行犯罪の解明には、格差社会を背景にしたねたみ入りの貧困感もチェックしておく必要を感じてしまう。「貧困感からの非行犯罪」が起きているのかもしれない。

親である大人も社会も、経済的な繁栄をおう歌した成功の罠にはまったままである。いろんなモノがはん濫する環境にいながら充たされることなく、心の渇きや寂しさをモノで埋めようとする出口のない悪循環からなかなか抜け出せずにいる。人間はいったん蜜の味をおぼえるとそれが忘れられず、その後始末に困る。「足るを知る」ことは難しい。

■情報化の影響 ―少子化

わたしが非行臨床の世界に入ったころにはなかったケータイ、コンピュータゲーム、インターネットは現代生活における必需品となって社会に浸透しているが、少年非行にもこれら情報化を背景にした犯行内容が目につくようになっている。加害者としてばかりでない、被害にあっている少年も目につく。

中学生同士のケータイサイトでの悪口の書き込みに端を発した傷害事件、売る気もないオートバイをネットオークションに出して金をだまし取った詐欺事件、出会い系サイトに深入りし、その金をねん出するために行った窃盗事件、商品化された性の映像に刺激され衝動を押さえられず強姦に及んだ高校生など挙げれば切りがない。

情報化の負の側面として、以前であれば実際に相手と顔を合わせないとできなかったことが、機械相手に周囲の目を気にせずクリックひとつでできるようになってしまった。生身の人間が目の前にいればちゅうちょしていたことをついやってしまう。クリックひとつで、超えてはならない一線を簡単に超えてしまう。性欲、金銭欲、暴力といった欲望がそのまま実行化されてしまう危険性が高まっている。

また、情報化は、社会的に未熟な少年にとって現実社会とかけ離れた仮想現実の世界となって、暴力的な映像や商品化された性的な映像に侵されやすい危険性をはらんでいる。彼らの感情は一方的に刺激されるのみで、幼稚な万能感や欲求の肥大化をもたらす。できることとできないことの区別は麻痺し、生の現実体験がないままゲーム感覚で暴力や性や死を見てしまい、自分の行動が現実社会につながることの鈍感さをもたらしてしまう。何をやっても行動がリセットされると思うようになっているのかもしれない。こうした映像への埋没とともに、彼らは自分だけの世界に入ってしまい、実際の行動が相手に及ぼす具体的な影響について考えが及ばなくなってしまいやすい。

特に現代の少子化はこうした情報化と相性が良い。兄弟の数が多く人間ベースの情報や刺激を受ける機会が多かった以前に比べ、今の少子化は、ともすると兄弟がいても一人っ子と同じような性格を有する一人っ子的二人っ子をもたらし、兄弟の欠如によって起こりがちな自分の思いどおりにしたがる幼児的な万能感や自己中心性を持ち続ける危険性をはらむ。そして、いつまでも人間関係や社会においてもまれることなく、他者との関係性、興味・関心の持ち方、感受性などの発達が促されないままだとこの危険性は高まってくる。思いのままになる情報化の世界に親和・自己投入し、情報化と少子化の負の側面が相乗的に作用しあう結果、ひとりよがりな思考や欲求を肥大させると同時に情報に直撃されやすくなり、現実吟味を欠いた行動に及びかねない。

■気の毒な家庭の子が多い

少年らと面接を重ねれば重ねるほど、家庭の問題が浮き彫りになってくる。少年鑑別所に入ってくる非行少年の過半数は両親がそろっていない。また両親がそろっていても、親同士の心が離れ、家族として機能していない家庭が多い。

不遇な家庭環境にあっても立派に社会生活を営んでいる人がおり、逆境をばねに成功している人もいることから、家庭環境の悪さを非行の原因とする意見に抵抗を示す人がいるかもしれない。しかしながら、現場の第一線で非行少年と対じしていると、これでもかこれでもかというくらい、家庭の根深い葛藤や不和を突きつけられる。統計的に見ても、一般青少年と少年鑑別所に入所する非行少年の非実父母率は高い有意差《ゆういさ》を示す。

要するに、少年鑑別所に入所する少年のほとんどは圧倒的に家庭に恵まれていないという紛れもない事実がある。そして、家庭が悪ければ悪いほど、彼らの問題性は重篤《じゅうとく》で厄介《やっかい》になる。拠《よ》り所がある・なし、受け容れてくれる人がいる・いない、居場所がある・

なしは、決定的に非行化要因となり、また逆に非行抑止要因となる。

家庭は子どもの人格形成に多大な影響を及ぼす。家庭が不安定ならば当然子どもの行動も不安定になり、自我が十分形成されていない子どもほど家庭の影響をストレートに受け、人格形成と行動に暗い影を落とす。現場の第一線にいると、常識では考えられないような無茶苦茶な家庭に遭遇する。こんな家庭では子どもが非行化するのは当然だろうと同情してしまう。むしろこの程度でよく収まっているなと感心するときすらある。

人は自分が意識する・しないにもかかわらず、家庭の影響を受けているものである。非行少年の中には、親に問題があってもそのことを口にしない少年がいる。一見、家庭のことで悩んでいるふうには見えない少年がいる。しかし、どうこういってもその親から生まれ落ち、血を分けた親の存在を消し去ることはできない。かなわぬ願いと思って黙っていても明るくふるまっていても、内心では両親に囲まれた幸せな家庭を思い描く。

彼らの家族画（心理検査のひとつ）を見ると、実際は親はとっくの昔に子どもを見捨てていないにもかかわらず、家族皆で楽しそうに食事をしている場面やピクニックに出かけている様子を〝願望〟として描いている少年が少なくない。子どもは、親の影響から逃れられず、自然と親の態度や価値観を身につける。親のすることはおかしいと思っても、その問題を真正面から受け取ると自我が耐えられない。

非行少年はとかく悩みや葛藤を持つことが少なく、物事にとん着しない、悩まないといわれる。しかし、実際は現実から目を背けることで自我の安定を図っているのかもしれない。親の無責任で身勝手な言動に日常的にさらされ、自然とゆがんだ価値観を取り入れる少年も少なくない。早くに両親が離婚しほったらかしにされている者、父親に経済力がないため家族全体が物心両面でゆとりをなくし気持ちがすさんでいる者、母親の内縁関係の男性から暴力や虐待を受けた者、親から甘やかされながら実は両親の仲の悪さに傷ついている者、少年鑑別所にはこうした気の毒な家庭の少年が次々と入ってくる。家庭が不安定でギクシャクしていれば、一番先にその影響を受け犠牲となるのは外でもない子どもたちである。

■同じ過ちをくり返す少女

非行少女の中には、ろくでもない男とつき合い同せいしたりして、親から「あなたはだまされているのよ」、「あんな男とつき合っていたらとんでもないことになるよ」と口すっぱく言われ、実際、男がまじめに仕事をしないため生活に困って盗みの片棒を担がされたり、さらに覚せい剤を一緒にやる羽目に陥ってしまっている。それでも男と離れられず、同じことをくり返し、親や周囲を戸惑わせる一群の少女がいる。顔立ちは良く、頭も悪くない。性格もむしろ優しい面を持っている少女なのにもかかわらずである。いや優しさがあるから男の不幸な身の上に同情してこうなるのかもしれない。

一緒に警察に逮捕され、少年鑑別所に入り、男が少年院送致になっても彼のことが忘れられない。無責任なそんな男と一緒にいる限り先は見えているのに別れられない。いったんは離れたように見えてもいつの間にかまたくっついている。周囲は、いくら好きだといっても同じ失敗をくり返す彼女の行動に困り果ててしまう。

これはいったいどういうことなのだろうか？　彼女は失敗を教訓に行動を修正できないのだろうか。

こうした少女は、恋愛感情以外に「放っておけない。わたしがこの人を立ち直らせる」という思いを持っていることが多い。「彼は小さいころから家庭の温かさを知らずに育ち、誰も頼りにできない一人ぼっちのかわいそうな人、彼を救えるのはわたししかいない。わたしが彼を支えてあげる」という感情である。周囲は男と別れるようこんこんと説諭《ゆ》を重ねるが、彼女はこうした感情の罠にはまりこみ聴く耳を持たない。こうなると理屈ではない。

実はこうした事例では、少女のほうも生育上の問題、家庭的な問題をかかえている場合が多い。一例を挙げれば、少女の母親も男運に恵まれず、何人かの男と一緒になっては別れている経歴を持つ。母親は男に尽くすものの、つき合う男がみんな酒やギャンブルに溺れ、同じような転落的結末をたどってきた。まるで自らだらしない男を選んでいるようである。少女は子ども心に、母親みたいに男に尽くしては捨てられるようなことにはなりたくないという気持ちを秘めていた。自分はそうならない、幸せな家庭を築くと思っていた。しかしながら今、少女も母親と同じような道をたどろうとしている。

人間とは不可解なものである。あるべき常識的な行動が理屈では分かっていてもそれができない。心の奥深いところから抗《こう》しがたい衝動が湧き上がり、それに突き動かされてしまう。

こうした非合理的な行動の理解に当たっては、例えば幼いころの不幸な家庭や親子関係にもどってしまう強迫的な衝動、自分の身の上を男の身の上にだぶらせてしまう投影的同一視などの視点が必要かもしれない。また、彼女には「自分がとってきている行動は正しい。間違っていない」という強い自己正当化の心理がはたらいている。「彼とくっついているとろくなことになりかねない」ことは少女なりに感じている。しかし、その観念を〝抑圧〟しているだけに意地でも自分の行動の正しさを確認する必要があり、したがって失敗しても同じことをくり返してしまう。反復行動には自己正当化の心理機制が絡んでいることが多い。

■家庭における情緒安定化の機能と社会化の機能

人格の土台は家庭がつくる。この家庭の機能を少し詳しく見てみよう。家庭には、子どもの愛情依存欲求を満たし情緒を安定させる機能と、しつけを行い社会化を促す機能が求められる。健全な人格の形成にはこの二つがバランスよく機能することが大切なのである。

前者の情緒安定化の機能とは、子どもを母性的な愛情でもって無条件に受容し包みこむことによって、愛情、依存、安全、所属、安定といった人間としての基本的な欲求を充たし、安定した人格の土台を形づくるものである。親代わりとなる人の愛情も得られないなど、基本的な愛情・依存面の欲求をあまりに享受できないと厄介なことになる。こじれると、健康な人間関係を築くうえで必要な信頼感や共感性の欠如をきたしかねない。犯罪の常習累犯者には愛情に恵まれることなく育った不幸な生い立ちの者が少なくない割合で存在するが、この事実は人間には愛情・依存が大切であることを示す何よりの証左《しょうさ》である。

図５　保護者の養育態度と親子の関係性

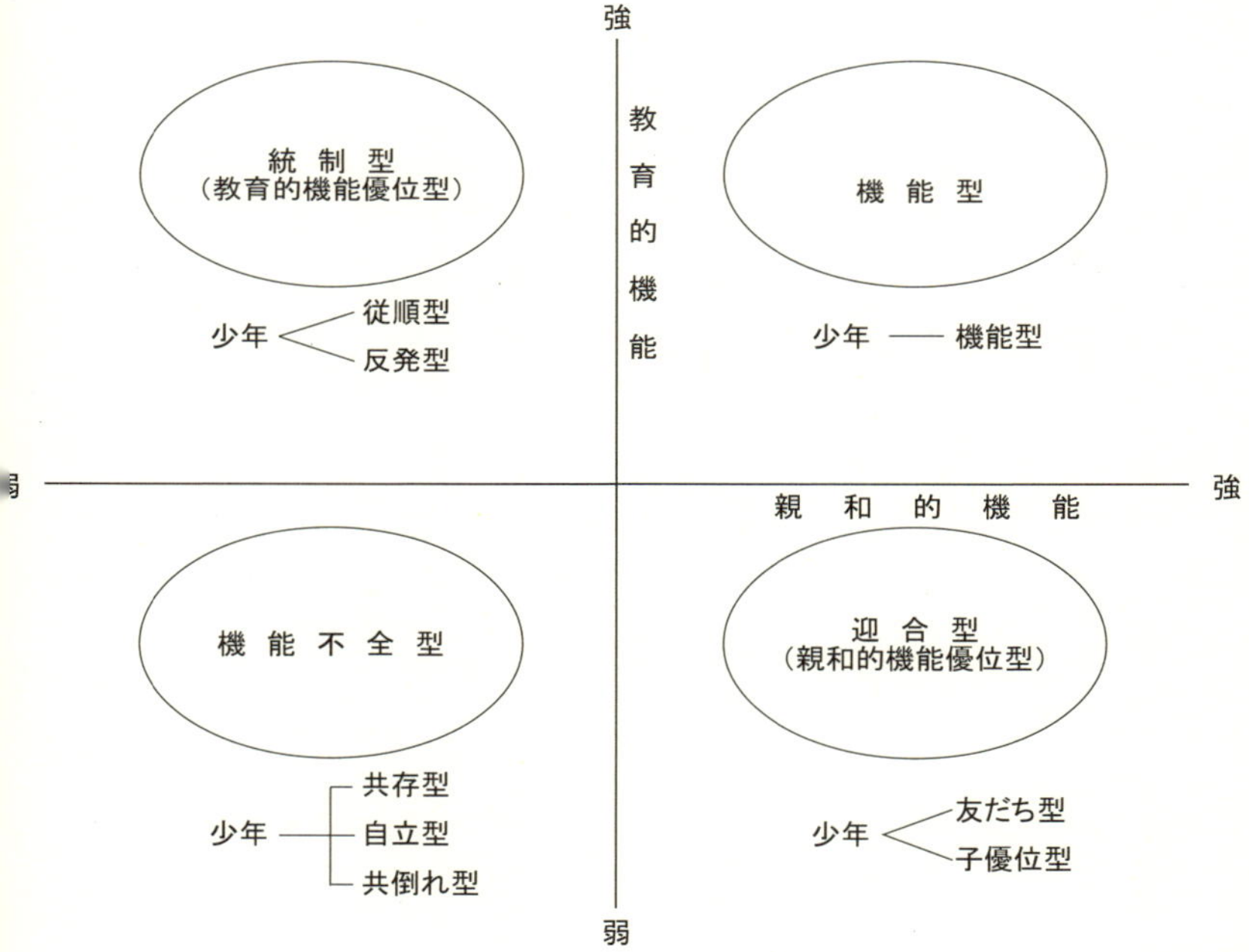

後者の社会化機能とは、社会の一員として通用するための社会性を身に付けさせることで、いわばしつけ教育である。社会化機能の欠落は、たとえ親子関係が親和的で仲が良くても、甘やかしが過ぎて物事の善し悪しを内面化できなかったり、あるいは親から常識はずれの歪んだ生活観や価値観を取り入れるなど誤った学習をすることで問題を起こしてしまう。非行少年の家庭は、この機能の両方あるいは片方に問題を抱えたり、またバランスを欠くことが多い。

わたしは、かかる視点をもって非行少年における親の養育態度や親子関係の分析と理解に当たってきたが、最近の家庭裁判所月報（平成二十年一月第六十巻第一号）に掲載された「保護者に対する措置を意識した保護者調査のあり方について」はわたしの考え方と重なる部分が多く、非行少年の家庭を理解するうえで参考になると思う。その一部である「非行少年の保護者の養育態度とそれに対する子どもの関係性」をわたしなりに図5としてまとめ、その概要を紹介しておく。

(1) 機能不全型

親の役割がまったく果たせない保護者の場合である。

①共存型　子どもが保護者を助け、カバーしようとする場合である。保護者は、経済的

困窮や精神疾患その他の事情によって、自律的判断力、問題対処能力が不足しているため、余裕がなく、現実がわずらわしくて逃避的である。子どもは頼りない保護者を助けようとし、親子の立場が逆転した状態になっている。子どもは、本来自分が受けたいケアを保護者に向けることで、保護者の関心を引こうとしている場合が多い。

②自立型　保護者は子どもを抱えることに不安があり、暴力的、拒否的で、子どもはそうした保護者を頼れず、自立せざるを得ない場合である。子どもは依存心を満たされておらず、内に強い孤独感を抱えているが、それを素直に表せなくなっており、いきおい自立を志向せざるを得ない。

③共倒れ型　保護者の精神的な未熟さ、不安の強さ、非常識さ、問題対処能力不足などから、親の役割を果たせていない場合である。保護者の権威は失墜しており、子どもが社会規範を学ぶべき基盤がそもそも機能しなくなっている。家庭で身に付けるべき相互的な感情交流も期待できない。子どもは保護者を嫌ったり軽視している。しかし一方で、保護者に疑問を抱きながら愛着を示す場合もある。

(2) 迎合型

保護者の教育的機能が弱く、保護者は親としての立場に立てない。

①友だち型　親子間は親和的で、友だちのように接している。しかし、保護者は自律的判断力に乏しく、そもそも問題意識に乏しい場合があるほか子どもを善導する力が弱く、子どものたいていの要求を受け入れ、甘い。子どもは放縦である。かつては教育的に関わっていたが、子どもの反抗にあって戸惑い、親のあり方に自信を喪失している場合がある。

②子優位型　保護者は不安が強く、子どもとの対立を恐れるあまり子どもの言いなりである。あるいは、保護者が子どもの気持ちを先取りしてひ護的にふるまってしまい、子どもも保護者の助力を当てにし当たり前と感じるなど、子どものわがままを助長することになっている。

(3) 統制型

①従順型　保護者は極めて自己中心的、支配的であり、子どもは従順にならざるを得ない。共感性に乏しく、コミュニケーション能力が低く、冷たく、拒否的な保護者。要求水準が高く、体罰も辞さない保護者などが多い。親族との関係、あるいは夫婦関係が不和であるなど、保護者自身が何らかの未解決な問題を抱えている場合もある。他者との心理的な距離が近くなると自分が脅かされるような不安を覚え、親密な関係を

保てず、子どもにも拒否的、攻撃的にふるまってしまう。

②反発型　支配的、拒否的な言動をとる保護者に、少年が反発する場合である。腕力で少年が保護者に勝るようになって、親子の立場が逆転し、少年が反発するようになる場合である。両親に問題が見られることが多く、子どもとの関わりが希薄で、少年はかまってもらえない寂しさを内在させていることも多い。過去、母の内縁の夫から虐待を受けていた事例なども存在する。

(4)機能型

親和的機能及び教育的機能がバランスよく発揮されているが、何らかの事情でこれらの機能が弱まった場合であるので、その事情を把握する必要がある。家族の病気、保護者の仕事上の行き詰まりなど、一時的に保護者の関心が子どもに振り向けられなくなっていたことなどが考えられる。

■心の断面

少年らに非行に及んだ理由を聞くと「意志が弱かった」、立ち直るために必要なことはと聞くと「友だちの誘いを断る」と答える者が非常に多い。この答えは月並みなようだが、非行少年の本質を言い表している。同じ状況にあっても非行に走らない者は走らないわけで、その限りにおいて個人的な資質は非行の重大な要因である。もちろん行動は、人格と環境の相互作用の結果であるが。

人間は一人ひとり異なる存在であり、十把一絡げに非行少年の人格を述べるものではないが、わたしの長年の資質鑑別の経験を通じて得た、比較的共通して見られる性格、行動、心理機制を挙げておく。

◎虚勢を張り、活動的、即行的である。仲間内では調子に乗りやすく、場の雰囲気のまま軽ちょうに行動してしまう。他方、内面は、社会的な自信に欠け、本当の主体性に欠ける。いわゆる補償の防衛機制を使って自我の安定を図っていることが多い。

◎勤勉さの欠如、我慢不足。勉学や仕事に対する地道な努力を持続できない。

◎生活史において、達成感や成功体験、受容、承認、賞賛を受けた体験が非常に少ない。このことは人格形成上悪影響を及ぼす。非行の防止には、この問題に対する手当てができるか否かが大きな意味を持つ。自尊感情を持てない体験ばかりしていると、前向きな意欲や地道に努力する態度も培われず、場当たり的な行動をとりやすい。

◎自信なげで自己否定的になっており、そのため悪循環的に周囲から評価されず小馬鹿にされることが多くなりやすく、ますますひがみやひねくれが生じ、落ちこぼれ感を募《つの》らせやすい。当然、生活観は目先の派手で刺激的な遊びにひかれ、刹那的、享楽的である。中、長期的な生活目標を持っていない。

◎思慮浅薄で後先のことを考えない。悩まない。彼らは不安、不満、ストレスがあると抑制することなく行動化する。深い問題意識を持つことが少ない。

◎自分の気持ちをことばにして表現するのが苦手である。社会的な対人スキルに乏しい。

◎身に付けておかねばならない基本的で大切なことが身に付いていないことに加え、逸脱行動によってますます社会的なものから離れていき、自分勝手でひとりよがりな思考や認知が進みやすい。

◎不遇な家庭や生い立ちを背景にした愛情・依存面の問題を抱える者が多い。

◎弱小感や疎外感を潜在させ、補償的に不良交友関係に傾斜し、彼らに依存する。その分、仲間に対しては友だち思いで濃密な関係を求める傾向がある。

◎思い込みが強くなりやすい。ちなみに単独で重大な事件を起こす者は強迫的、攻撃的傾向が強まっていることが多く、また、そうでないと大きな事件は起こせない。

■非行少年と一般少年に見られる意識の変化　―参考までに

平成十五年版犯罪白書は、少年の凶悪犯罪の増加を特集として取り上げ、その背景として、①親の指導力の低下、②不況による就業の困難化、③非行少年と一般少年に見られる意識の変化、④少年を取り巻く環境の変化を挙げ、分析を加えている。詳細は犯罪白書を見ていただくとして、以下に、わたしが興味を持った③の「非行少年（警察に補導された者）と一般少年に見られる意識の変化」の概要を参考までに紹介しておく。

調査結果は、昭和五十二、六十三年、平成十年の三回にわたって行われた質問（①家庭での学習状況「家で勉強をほとんどしない」、②共感性「人が泣くのを黙っていられない」、③自己中心性「わたしのしたいことは親が反対してもやる」、④倦怠感「いつも疲れた感じがしている」、⑤流行に対する意識「流行の服装や髪型が気になる」、⑥親に対する意識「親から愛されていない」、⑦深夜徘徊《はいかい》「友だちと深夜まで遊びまわったことがある」、⑧無断外泊「親に黙って外泊したことがある」）に対する回答から、非行を凶悪犯罪に絞った調査でないことを断ったうえで、非行少年一般に共通すると思われるさまざまな意識のほぼ二十年間の推移ということで報告している。

それによれば、「家で勉強をほとんどしないという家庭での学習状況」、「したいことは親が反対してもやる自己中心性」、「いつも疲れた感じがする倦怠感」については、昭和五十二年当時から両者間で有意差があるが、非行少年も一般少年も右肩上がりで同じように増加している。以前から非行少年と一般少年と差があるのは、流行に対する意識、無断外泊、深夜徘徊であるが、さらに最近は非行少年においてその傾向が強まり、差異が拡大している。

「親から愛されていない」という項目については、昭和五十二年当時は両者に大きな差異はなかったのが、最近は非行少年（男子非行少年）は一般少年より明らかに「親に愛されていない」と感じている者の割合が高くなり、二十年前より二十三ポイントも上昇している（四十パーセント前後）。また、共感性につながる「人が泣くのを黙っていられない」の設問に非行少年は二十年間で、五十七パーセントから三十パーセントまで低下し、感受性の乏しい者の割合が増えている。非行少年における学習意欲の低下、ひいては知的水準の低下の懸念、共感性の欠如、自己中心性の亢進、倦怠感の拡大、流行に流されやすい傾向の浸透、親に対する不満、深夜徘徊、無断外泊の横行など、犯罪につながりやすい要因が次第に強くなっている傾向がうかがわれる。このような意識の変化が少年犯罪全般、さらには凶悪犯罪の増加にも影響を及ぼしているものと思われる。

さらに、暴力観について触れている。少年男子全体に、暴力を正当化する傾向が強まり、「今の社会では、強いものが弱いものを押さえつける仕組みになっていて、どうやってもいじめはなくならない」とする者は、暴力非行少年より一般中高校生のほうが高く、いずれも五割を超え、少年全般に暴力を是認、容認するあきらめの気持ちがまん延していることがうかがえる。したがって、一般少年にも、状況如何によって、暴力犯罪に関与しかねない危険性を内包しているものが相当数潜在しているとの危惧を抱かざるを得ない。

また、十六歳から二十九歳までの「若年者の意識に変化は起こっていないだろうか」というテーマで、昭和六十年、平成三、八、十三年の十五年間にわたって民間調査機関が調査した結果が紹介されている。それによれば、「他人の権利をいちいち尊重していたら、自分に不利になるだけだ」、「責任を伴うことはできるだけ避けたい」、「多くの人から理解されなくても、気の合った仲間さえ分かってくれればいい」とする割合が若者を中心に増加している。その上で、こうした少年や若年成人の意識の変化が犯罪の質的変化に微妙な影響を与えている可能性があることを指摘している。

非行臨床ファイル3

やくざになるしか…

やくざの世界に足を踏み入れかけている少年に、「なぜ、やくざになるの?」とたずねた際の少年の言い分である。

「僕は何で生まれてきたのだろうと思います。親同士がエッチしてたまたま子どもができたので産んだみたいな感じしかしないんです。心の底から愛して欲しかった。小学校、中学校とずっと家族はばらばらで、僕はひとりぼっちで、学校でも仲間はずれ。今まで楽しかったことはありません。今も昔も僕は孤独です。自分だけを信じて突っ走ってきたけど……。彼女だけは信じたいと思うけど……。これから先、どうなるんでしょうか。引き受けてくれる親もいないし。辛いというか、悲しいというか、失うモノはありません。もうどうでもいいという感じで、裏の世界でしのぎをしていこうかと思います。……それしか自分にはなさそうです」

第四章　少年鑑別所の鑑別と処遇の実際

■処遇上の基本姿勢と施設構造

本章は、少年鑑別所の現場の紹介であるが、あわせて少年鑑別所の教官と技官に身に付けてほしい処遇上の姿勢と技術及び心理診断の知識と技術についても少し紹介したい。また、病院や学校などで参考になることがあれば幸いである。

非行少年の処遇というと、周囲の人からは厳格とか鍛錬とかのイメージをもたれやすい。確かに彼らの特性を踏まえ、行動療法的に是々非々《ぜぜひひ》を明確にすることは非常に重要である。しかしながら、一方的な押しつけになってしまってはその場限りのものに終わってしまい、変容の永続性、内発的な改善は期待できない。まずは彼らの心の動きを見ながら関係づくりに意を用いることが重要であり、そのうえで硬軟織り交ぜた対応を行わなければならない。

彼らは少年鑑別所に収容されるべき相応の問題を抱える。非行犯罪はとうてい許されるものではないが、彼らの心内には順調でなかった生い立ちとその不条理さを背景に、虚勢、不信、攻撃、依存などがない交ぜになった不安定な感情が渦巻いている。したがって、その場で少々彼に非があったとしても頭ごなしに叱りつけ、強引に枠にはめ込もうとしても、反発を買うのみで逆効果である。処遇はすぐに行き詰まってしまう。

少年鑑別所は少年院と違って矯正教育を行う施設ではない。法律上、少年理解、非行性の認定、処遇方針の提示といった鑑別診断が主要な業務と位置づけられた施設である。少年らは身柄を拘束され、所内生活を送るうえで最低限のルール順守は求められるものの、それ以上の無理強いはされない。少年鑑別所は彼らの言い分を徹底して聞き、極力相手のペースに合わせて処遇するという、せっかちに結論を出したがる昨今の社会風潮とは違う処遇構造を持つ施設になっている。少年の生い立ちや家庭環境等の背景を頭に入れながら、ひょっとすると家庭や学校より彼の能力、性格及び問題性に応じた個別的な対応を行える場になっているかもしれない。

■観護学

処遇の責任を担わなければならない観護教官の専門性について論じる。

少年院から少年鑑別所に転勤してきたある教官が、「少年鑑別所の観護教官はお世話係ですね」と、暗に少年院の教官に比べ専門性の低さをほのめかすような発言があったことを記憶している。しかし、そもそも生身の人間を扱う仕事というものはお世話係そのもので、他に何があるだろう。夜尿症の少年がときどきいるが、その時は下《しも》の世話もしなければならない地べたに這って行うべき業種で、お上品な取り澄ましたものではない。

　少年鑑別所の場合、第二次性徴もまだのあどけない小学生高学年からおとな顔負けの迫力あるやくざまで、さまざまな少年を収容する。観護教官の仕事は、少年らのパンツの洗濯から身のまわり一切の面倒を見ながら、悩み事を聞くときもあれば、暴れる少年がいればひるむことなく制圧しなければならないときもある。女子少年も収容しており、裏の世界に精通した魅力的な少女もいるので、女子少年との接し方にも技術がいる。

　処遇の専門職として、当然、ＳＳＴ（対人スキルを向上させる技法）やカウンセリング等の心理学や教育学に基づく技法も身に付けておかねばならない。実に幅広いケアが要求される。昨今は弁護士と接する機会も増えてきた。少年の親からは、面会の際「うちの子どもはどうでしょうか」と質問されることも少なくない。先方の話に耳を傾けながら分かりやすく答えねばならない。当然、社会常識も備えていなければいけない。

　また、国の行政機関でかつ身柄を拘束する特殊な業務であることから法令上の知識をしっかり身に付けておく必要がある。その守備範囲は、入所の多様さから少年法関連法令はもとより刑法、刑事訴訟法、更生保護法、児童福祉法、精神保健法、その他外国人収容に係る法律など多岐にわたる。

このように観護教官にはさまざまな知識、技能、体力、自制心、人間愛など高い専門性が要求され、わたしの造語だが、少年鑑別所の処遇には病院の看護学ならぬ〝観護学〟というものがあると思う。

◆大切にしよう、ひとつのことば、ひとつの仕草《しぐさ》

生身の人間を扱う処遇の中心は、何といっても少年へのことばかけである。最近はさまざまな処遇技法が展開されることが多くなったが、治療者とクライエントの間の信頼関係なしにいくら格調高い技法を駆使しても何の意味もなさない。まずは、相手の目と顔を見て、ことばを交わしあいながら相手を安心させられる関係を構築することである。「大切にしよう、ひとつのことば、ひとつの仕草」はわたしが好きな現場のスローガンだった。入所してきた少年の不安を和らげ、心配事があれば気軽に相談できるようにするための関係づくりである。これがひいては鑑別に役立ち、教育につながる。

所内には規則があり、集団生活を強いられるため、おそらく社会で気ままに生活してきた彼らにとって、少年鑑別所の生活は窮屈であり、そして、この先どうなるか不安で心細い毎日となる。その中で、職員の何気《なにげ》ない一言が重みを持つ。

わたしは教官に、担当する少年にはいくら忙しくても「一日一回は声をかける」よう

に口すっぱく言ってきた。病気で病院に入院した経験がある人は分かるかと思うが、入院した際に、すぐに看護師や医師が病室に駆けつけ、声をかけてくれた時のほっとする安心感みたいなものを想像してほしい。最初は警戒的でツッパっている少年も、しばらくすると胸襟を開き応じてくる。毎日声をかけていてたまに姿を見せないと、「あの先生どうしたんですか」と他の教官に尋ねてくる。

社会では自分勝手にふるまってきていても、彼らは内心、自分を分かってくれる理解者を必ずといっていいほど求めている。「自分のことを話したい。話を聴いてもらいたい。分かってほしい」という思いを秘めている。そこに、声をかけ、少年のことばに熱心に耳を傾ける。少年はこの先生には話そうかという気になる。信頼関係が芽生える。声をかける際の自身の口調や仕草には気をつけなければならない。また、少年を一個の人格として認めて処遇するという基本姿勢がしっかりしていないと少年の信頼は得られない。

少年は、処遇する側が少年を見ている以上に職員をしっかり観察しているものである。処遇する側も生身の人間で、精神衛生も悪いときがあろうが、そういう日はことさら意識して自己コントロールに心がける必要がある。

また、少年理解に当たっては、少年に関する客観的な情報を把握しておかねばならない。担当の教官・技官は、可能な限り早く非行内容、家庭環境、交友関係、学校・職場に関する情報の入手に努める必要がある。そのためには、少年に声をかけること、ことばを交わすことが大事である。鑑別技官の面接は、資質鑑別というアセスメントを求められるため、どうしても一定の距離を置いて接せざるを得ない宿命を負うが、観護教官の場合は初めから深く関わりあって接することができる。前章でも述べたように、彼らは教官の話しかけを好意的に受け止める。

基本的な処遇の姿勢及びさまざまな働きかけに関する注意事項を、今までと重複するところもあるが、箇条書きにして列挙してみる。

①　少年を一個の人格として認めて接する。

②　「罪を憎んで人を憎まず」。少年より一段上に立って指導する。なめられまいとする気持ちを持ち過ぎると、感情的な対応になりやすい。

③　一方、注意すべきことは注意し、ほめるときはほめるなど是々非々《ぜぜひひ》をはっきりして指導する。ひるんではだめ、臆《おく》すれば見てとられる。自然体で接する。

④　少年によって態度が変わらぬよう公平、公正に接する。話しやすい雰囲気をつくる。

⑤　多忙であろうとも、担当している少年に対しては、一日に一度「どうしているか」、「食事は食べているか」など何でもよい、必ず声をかける。また彼の話に耳を傾けること。きちんと聞いてやることが重要である。心を開かせるテクニックとして、場合によっ

ては方言で話を交わすほうが親しみを持たせることができる。彼が関心を持つ趣味やスポーツなどを話題にするのもいいだろう。少々ひねくれた少年でも、人間誰しも実は自分のことを理解してほしい、話を聞いてほしいと思っているものである。

⑥ 少年のことば以外の顔色、話し方、全体の動きなどを敏感に観察し、彼が身体から出している雰囲気を感じ取ること。普段から、自身の観察力や感受性を研ぎ澄ます訓練をしておかねばならない。

⑦ ことばでどこまで相手と関われるか、質問の仕方は重要である。質問の仕方ひとつで、話の深まり具合が違ってくる。相手が「はい」「いいえ」で答えられるような質問は論外である。

⑧ 横柄《おうへい》で不愉快な印象を与える少年がいる。わざとそういう態度をとって相手を試してくる。そういう態度を横着《おうちゃく》と思って、「何だ、その態度は」と頭ごなしに叱ったら元も子もなくなり、何も生まれない。少年に今までの大人と一緒と思われるだけである。わざと挑発して、教官をどの程度の人間か値踏みしているのかもしれない。そこで感情的になったら少年の思う壺である。「そんなにツッパったら疲れはしないか。おまえも大変だな」と声をかけ、にこっとするぐらいのゆとりを持って接すると、少年は「おやっ」と思い、態度が変わってくる。ゴーリキーいわく、「人間は、そのあ

らゆる見苦しさにもかかわらず、地上最高のものである」ということばがあるが、味わい深いことばだと思う。努めて相手の長所、美点に目を向けよう。

⑨　ちなみに、処遇はチームワークであり、教官皆で遠慮なく意見を言い合う場を設けることが大切である。こうした環境づくりは処遇の責任者の重要な役目である。これがうまく行かないと建設的な施設風土や職員の志気向上は望めず、観護処遇の充実は期待しがたい。

◆処遇困難者に対する処遇上のいくつかのヒント

前章でも論じたが、非行少年の多くは、第三者がたとえ自分勝手なひねくれと批判しても、自己の不条理な生い立ちと理不尽な扱いを事実として受け取っているものである。そのため情緒不安定で、時としてやり場のない不満、不安、孤独感が攻撃的な言動となって発現する。故意に反発して相手の出方を見たり、教官を値踏みしつつ挑発的な態度をとったりする。

非行化のメカニズムとして、親の注意を引くために家出や万引きをする子どもがいるように、辛いとき、話を聞いてほしいとき、かまってほしいときにあえて横柄な態度をとって教官に感情をぶつけることがある。この攻撃的な横柄さに対し感情的に対応したり、逆に怖気づいて引いてしまうと、事態は一層こじれてしまう。彼らの処遇は本当にうっとうしいものであるが、こうした自分の感情に負けてはならない。さじを投げるのは簡単である。大事なことは、冷静かつ客観的に、そして何よりも〝粘り強く、粘り強く〟働きかけることが重要である。

わたしは医療刑務所で勤務していたころ、暴行、暴言を繰り返す「精神病質」受刑者のカウンセリングを任せられたことがある。彼の言動はまことにいやらしいものであった。「こんな受刑者にカウンセリングでもあるまい」と「怖い」こともあって及び腰だったが、保安現場からせっつかれ、渋々会い続けていたところ、そのうち「一人ぐらい、こいつの側に立っている者がいてもいいんじゃないか」と思うようになった。すると面白いものである。強烈なひねくれと攻撃感情を示していた問題受刑者が少しずつざっくばらんな気持ちを示すようになり、時として「あれっ」と思うような人間的な反応をするようになった。その後も紆余曲折はあったが、何とか工場に出て就業するようになり、一時の激しい攻撃感情は緩和した。

わたしは、「世の中には話しても分からない人間は必ずいる。しかし、〝初めから決めつけてはいけない〟」と思っている。この体験は、その後のわたしの処遇の原点になったような気がする。もちろん、相手が暴れれば実力行使も止むを得ないが、粘り強く働きかけることを怠ってはいけない。揚《あ》げ足を取ってきても、突っかかってきても、裸でぶつかりあう気迫が必要であり、「お前が憎くて叱っているわけではない」と少年の眼を見て真正面から伝えること。こうした〝本気〟は相手に伝わるもので、「この先生、ひょっとすると善い人じゃないか」と思わせたらしめたものである。

もうひとつ、未熟な少年の中には不安と甘えがごちゃ混ぜになった不安定さから混乱し、心身変調をきたす者がときどきいる。例えば正常な呼吸ができなくなる過呼吸発作や蝋人形のように固まってしまったヒステリー様反応などである。大体がこうした症状は、寂しさや不安がつのりやすい夜間に起きることが多く、そのため医者は不在で、スタッフも少ない。教官はどうすればよいか分からずおろおろしがちだが、このときは、少年の背中を辛抱強くさすってやったりすると功を奏する場合がある。ただ、こうした事例は女子少年に多い。女性教官がいれば問題ないのだが、いない時に男性教官が女子少年の背中をさするという行為は、少し身体が接触しただけでセクハラといって大騒ぎする風潮からすれば、とんでもないといわれるかもしれない。わたしは在職中に、医師が到着するまでの間、背中をさすり続けたことがある。もちろんあらぬ誤解を受けないよう他のスタッフもその場に一緒にいさせた。そうすると、少女は少しずつ少しずつ落ち着いていった。医師が到着したときにはどうにかことばが出るようになっていた。

こんなときの少年は、少年鑑別所に収容された現実を受け入れられず、自分をコントロールできず自力で立ち上がれないほど弱っているのである。その結果、心因反応様の症状を呈しているのである。医師もいない緊急事態のこうした場面では、単なることばだけの励ましでは限界がある。ことばは最低限でいい、ただひたすら痛む箇所や背中に手を当て、さすりながら少年の不安を共有し、そばで寄り添ってやることが大事である。さする〝手の温《ぬく》もり〟が体の痛みと心の苦しみを和らげる。わたしはこれらを〝観護力〟と呼び、臨床力と思っている。

■鑑別面接

少年鑑別所における鑑別診断の方法は図6のとおりである。

少年理解に当たっての面接、心理テスト、行動観察、社会調査（関係者からの情報収集）はどれもが欠かせない重要なもので、そして相補的なものであるが、ここでは面接を取りあげることにする。あらかじめお断りするが、面接に関する教科書的な理論や技術を期待する向きは、その種の本をご覧いただくとして、ここで紹介するのは、少年鑑別所の現場で行われている鑑別面接の実際で、しかもわたしのそれである。

図６　少年理解の方法

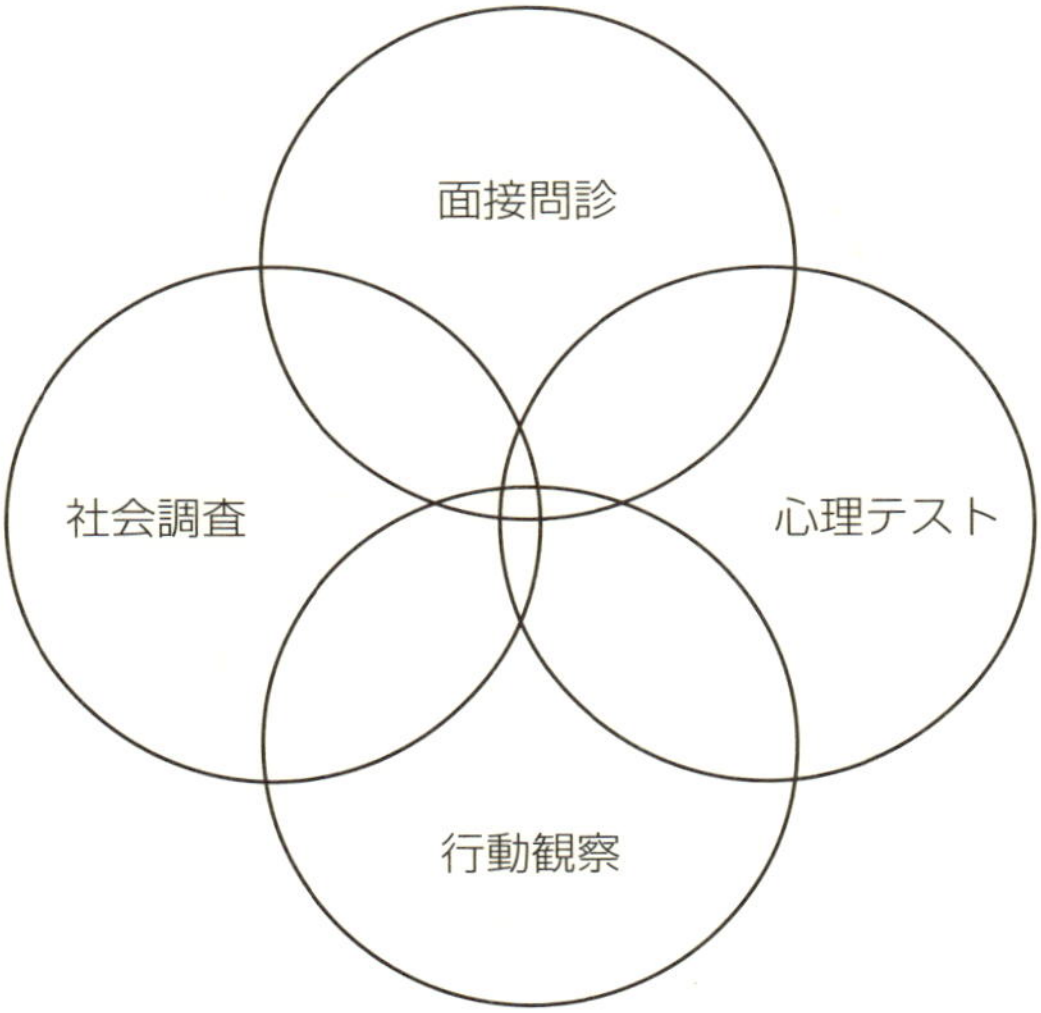

　まず、押さえておく事項として、少年鑑別所に入ってくる少年は、どういう心境にあるかである。第二章でも触れたが、「鑑別所に入ってしまった。これから先、自分はどうなるのか。少年院送りになりはしないか」、「隠していることがあるが、正直に話すべきか。仲間や先輩らに口止めされているが……どうしよう」、「俺は悪くない。あいつが悪いからこうなった」。また、「彼女のことが心配」という具合である。「母のことが心配」、「親に面会に来て欲しい」と家族との再会を一刻も早く願う少年もいる。中には「どうにでもなれ」と自棄的な少年がいる。逃走を考える少年もいる。働いている少年は、「仕事や職場のこと」を気にする。

いずれにしても、彼らは今後どうなるのかといった不安を中心に、さまざまな感情が交錯した不安定な状態にある。不安と孤独のあまり心身の変調をきたす少年もいる。ストレスから持病のぜん息が出たり、過呼吸発作を起こす。また「いじめられるのではないか」と、自分のいじめの加害・被害体験を重ねあわせた不安を訴える少年もいる。このように、鑑別技官や観護教官は、彼らが拘禁され不安定な心情にあることを念頭に置いて鑑別と処遇に当たらなければならない。

以下に、少年鑑別所における鑑別面接上の基本的な姿勢や注意事項を挙げる。

① 少年が入所したら、何はともあれ短い時間でもよい、可能な限り速やかに面接を行うことが大事である。入所直後は、まだ娑婆《しゃば》っ気《け》が残っているため彼の社会での様子を感じることができ、また、少年鑑別所に収容され不安が募《つの》っているところに、ちょっと笑みを浮かべながら声をかけ、話を聞いてやることは少年の気持ちをほぐすとともに、この先生は親切な人ではないか、話に乗ってくれはしないかといった好意的な感情を持たせるかもしれない。面接者の温かい声かけ、最初の良い出会いは信頼される関係づくりにつながり、その後の面接の展開に好影響を及ぼす。

② 面接者の姿勢として、少年との年齢の差、性別の違い、性格の違いが少年の心を開かせるのに大きな支障になってはならない。少年の地元のこと、趣味、方言、遊び、

仕事といった身近な話題がきっかけになって面接が深まる場合があることも頭に入れておくといい。そして、相手の話に耳を傾け、相手のペースに合わせながら、適宜、こちらの立場から質問を入れ、頭の中では少年のいうことを客観的に評価し解釈していく。熟練した鑑別技官は、相手の反応を読み取り、瞬時に解釈、仮説を立てながら必要な質問を挿入し、臨機応変に少年と自分の間を行ったり来たりしながら面接を進める。共感的に関与しつつ一定の距離をもって診断的な目を持つ、複眼的な面接のやり方を身に付けたいものである。これを聞きたいからといってストレートに質問しても、本質が見える答えはあまり得られない。

参考までにわたしがわりと使用した一般的な質問を挙げると、初回面接時の「今、どんな気持ち？　どんなことを考えている？」。この質問は、入所したときの少年の全体的な心の状態を把握するためである。そして、その答えをメモしておき、その後の二回目、三回目のときの面接内容と比較してみると、少年鑑別所での変容の具合を縦断的に理解できる手がかりになる。また、魔法の質問というと大げさだが、話の中で気になるところがあれば、「そこのところ、もっと詳しく話して」と言って、さらなる説明を促すといいだろう。生活史に関連する話題の中では、「やり直すことができるならば、どのころから時間をもどしたいかな？」との質問もときどき使用した。

③　初対面時はラポートができていないので、きわどい話題は次にする、初回面接時は事件のことは聞かないといった姿勢で臨む技官がいるが、ケースバイケースである。むしろわたしは、事件のことは最初からきちんと聞くことを原則にした。何となれば、彼らは非行犯罪を起こし、警察に捕《つか》まり、現に今、少年鑑別所に収容され、事件のことを聞かれるのは当然だと思っている。ひょっとすると、非行に至った真実を誰かに一刻も早く話し、事情を分かってほしいと思っているかもしれない。

核心を避けて当り障りのないことを聞いても、かえって少年のほうが肩透かしを食った感じになり、結局、関係づくりを遅らせるだけの結果に終わる場合がある。話が深まりそうであれば、初回面接といえどもその流れに乗ることが大事である。せっかく訪れているチャンスを逃すと、二度とチャンスは訪れないかもしれない。その時の面接者と少年との間に起きている感情の流れは、再現困難なこの時限りのものかもしれないからである。少年の反応を見ながら柔軟に対応すること。機を見るに敏でなければならない。もちろん、そのためには豊かな感受性を要する。

④　少年の話には、その自己中心性ゆえに面接者の価値観が刺激を受け、少年に対する批判感情が湧き上がる場合がある。ただ、初めの段階ではそうした感情は押えたい。ある程度面接が進んだ段階で「ところで、その辺りのことはどうなの？」といった形

で疑問を投げかけるといい。タイミングの問題はあるが、常識的に考えて理解しがたいところは、率直に面接者が感じたことを伝え、問うことは必要なことである。少年によっては、それをきっかけに気づきが促されるかもしれない。

面接者は、さまざまな場面に対応できる懐《ふところ》の深さと引き出しの多さを持っておかねばならない。そのためには常識と教養をしっかり身に付け、その上で心理学、人格理論、非行理論、精神医学等の専門知識に精通しつつ客観的、科学的な物差しを持っておかねばならない。非行の理解に当たっては、認識の仕方や行動に関し「普通ならばどうだろうか」ということを常に頭に入れておくことも重要である。

⑤　少年はえてして、処分の不安などから悪く思われないように事件のいきさつなどを脚色し、少しでも自分を良く見せようとしがちである。また稀《まれ》にだが、反対に自らを悪く見せようと作り話をする少年がいるので注意を要する。

わたしが若いころ担当した少年は、やくざの組の名前を挙げ、組に入って活動している話をしていたが、話や態度に不自然さが感じられたので他から情報収集を行い、さらに面接を重ねたところ真っ赤な嘘であった。少年が話す内容のみならず、その時の仕草や表情、口調に対しても感度を上げておく必要がある。

⑥　非行少年は概して言語表現が苦手である。したがって、少年理解に当たってはこと

ばによるものばかりでない、適宜、面接以外のツールであるテスト、それも非言語的な描画や箱庭などを活用するといい。

少年理解において面接は万能ではない。人間の本質として、ことばにすると嘘が生じる場合がある。だからこそ図6に示したように、面接以外の心理検査、行動観察、社会調査等のさまざまな観点からの多面的なアプローチが必要になる。

ちなみにわたしは、文章完成法という心理テストを面接によく活用した。このテストは「次のことばを読んで、思いつくことを何でもいいので書きなさい」と教示し、ことば（刺激語）から連想する反応をもとにその人の内面を分析するもので、非常に使い道のある有用なテストのひとつである。人間の防衛をすり抜けてその人なりの認知の仕方、欲求、感情が出やすく、この反応を面接と絡めながら少年理解に役立てた。

⑦ 面接中に、どうも妙な引っかかる感情が湧き上がったときは、そのときの気持ちを書き留めておこう。後でなぜそういう感情が出たのかを改めて考えるとよい。

自分のコンプレックスが見立てを誤らせている場合があるし、あるいは少年が何らかの精神症状を呈している場合もある。こうしたときは知識と経験が豊富な鑑別技官に意見を請うことが必要である。

自分の感覚や物差しではどうしてもピンとこないときがある。精神医学における分裂病臭さなる疎通性の悪さとは異なるが、精神病質や非行性につながる〝通じの悪さ〟なのかもしれない。また、有機溶剤の常習者にときとして見られる〝感情の薄っぺらさ〟のせいかもしれない。

■心理テストについて

人を扱う職種の中で、心理テストを一番活用しているところは少年鑑別所かもしれない。面接等でどうしても腑に落ちない事例が、テストを通じて少年の内面がこつ然と目の前に現れ、まるで目から鱗が落ちるように理解の手がかりを得られる場合がある。飛躍した解釈をしてテスト結果が一人歩きするようなことはあってはならないが、使い方次第できわめて有効で価値あるツールとなり得る。

面接では表に出てこない、とらえられない、気づかない側面を提供してくれるかもしれない心理テストなるもの、鑑別技官は心理専門職としてひとつでいいのでしっかりマスターする必要がある。ＴＡＴ（絵を見て物語を作らせ、物語からその人の内面や人間関係などを分析する投影法のひとつ）でも何でもかまわない。ひとつのテスト技術の習熟がものの見方や考え方に深みを与え、分析力を向上させる。ちなみにわたしが若いころに出会った開業医の精神科医は、心理臨床家に期待することのひとつに個別テストによる診断技術を挙げていた。

■鑑別結果通知書なるもの

少年鑑別所は、家庭裁判所にさまざまな資料をもとにまとめた「鑑別結果通知書」なる報告書を提出している。この作成作業は鑑別技官が担い、非行犯罪性、人格問題性、環境問題性を総合的に吟味・検討し、その上で「鑑別判定」を出すというもので、矯正施設の中で対外的に提出する文書としては、きわめて専門性が高い書類の一つである。

少々小難しい話になるが、非行少年は身柄を拘束され、人によっては不利益処分というところの少年院送致になるかもしれない審判を間近にひかえた身分にあり、したがって少年鑑別所における非行臨床は、ほとんどの患者が病識を持って自ら訪れる病院臨床と違って、ある悩ましさを伴う。しかし鑑別には、かかる現実を受け入れたうえで矛盾とすることなく臨床と行政、心理学と法律の領域にまたがる事象として調和ある融合を追究していかねばならない宿命が存在する。

■為になる日課と処遇

社会で乱れた生活を送ってきた少年らにとって、少年鑑別所の規則正しい生活は自分を律し、生活を立て直す好機になりうるが、深い反省を促すためにはいかなる働きかけが効果的だろうか。日課処遇ではできる限り多面的、立体的に刺激することを心がけたい。身体器官がまんべんなく働くよう聞く、話す、書く、読む、考える、演じる、動くことをバランスよく設けた内容が望ましい。

以下に全国の施設でほぼ定着している日課処遇以外で、わたしの経験上お奨めのものを二、三挙げておく。

◆SST

SSTとは、ソーシャルスキルトレーニング（social skill training）の頭文字であり、読んで字の如く社会的な対人技術能力の向上を促す処遇方法である。

非行臨床に携わっていると、彼らの社会性の乏しさゆえに失敗や職場不適応を起こす事例を目にすることが少なくない。この程度のことであれば、ちょっと知恵を回してうまくやれなかったものかと思う。朝寝坊して、職場に何の連絡もしないまま休みをしたため、職場に行きづらくなった。あるいは上司からやかましく怒られたことにふてくされ、上司との関係が悪くなり職場に居づらくなったという具合である。

遅刻しそうなときや休むときは一本電話し、場合によっては嘘も方便で適当な理由を言って、その旨連絡しておきさえすれば辞めずにすんだのではないかと思われる。注意されたときの対処の仕方も普段からことばづかいや社会的な対応の仕方を学んでおけば、辞めるまでには至らなかっただろうし、彼らの社会性不足を痛感した。これらの事を教える立場にある少年の親も、残念ながらこうした指導力や知恵をあまり持ち合わせていない。

ところで、少年非行の再犯要因（再犯抑止要因）の主なものに、交友関係と家族との関係がある。大方の少年は、少年鑑別所の段階で一定の反省をして出所する。少年院ではもうやらないと誓い退院する。ところが社会に出ると、以前の不良仲間の誘いや親との意見の食い違いをきっかけに問題が再燃し、自分をコントロールする力を失い再非行に及んでしまう。

彼らのこうした実情を踏まえ、社会でうまく生きるための、例えば「遅刻しそうになり、職場に連絡する」、「ミスをして謝る」、「悪友の誘いを断る」、「家族に話しかける」といった場面を具体的に設定して、実際に演技させながらより良い対処法と社会性の習得に努めさせることは、彼らの立ち直りや再出発にとても有用であると思う。

SSTを実施すると、少年らは最初こそ照れや不慣れさから戸惑うが、やり出すと熱心に取り組み始める。人間関係のあり方や社会の仕組みを身体でもって実感する。後で少年の感想を聞くと、「社会で似たようなことがあった。こういう勉強は初めてで為になった。また、やってみたい」と評判が良い。

ちなみに、SSTを効果ならしめる実施上の留意事項に触れておきたい。これが不適当だとうまくいかない。ひとつは非行に直結するような場面を取りあげるのでなく、実際に彼らが物事がうまく行かず困ってしまった体験を参考に、社会生活の中で比較的多く遭遇する場面を選定すること。二つ目は集団処遇であることから集団編成を行うのに相応しい対象者を選別することである。

◆講話

わたしは在職中、少年らが生きていくうえでの知恵が身に付くよう「講話」の充実に努めた。というのは、非行少年は自らがまいた種とはいえ、非行によって学校というある面で保護された枠からはずれることになりやすい。少年鑑別所を出所すれば社会で生きていかざるをえないことが多い。しかし、現実には右から左にすぐ仕事に就ける年齢でもないし、また、自立して生きていくにはあまりにも社会的な知識や常識がなさすぎるからである。

社会的な学習の機会もないだろう彼らの現実を前にすると、少年鑑別所にいる短い間にでも、生活に役立つ身に付けられることがあれば少しでも身に付けさせてやりたいという気持ちになってしまう。

中学校では教えてもらえない、あるいは親が言ったとしてもなかなか耳を傾けなかった、生きていくうえでの知恵を身に付けさせたい。人との接し方、友だちのつくり方、働くことの意義、社会の動き、生活に必要なお金の知識、公共機関の利用の仕方、異性関係、余暇の過ごし方などたくさんある。教官の得意分野を活かし、身近にあった出来事や新聞記事も引き合いに出しながら、世の中の仕組みやあり方を教える。「なぜ、うるう年はあるのか」から始めて、「挨拶は人間関係の潤滑油」、「人生に必要なのは、大きな勇気といくらかなりのお金（チャップリン）」まで話を広げるといった風である。働きかける側も、その夜の少年の日記に「今日の講話は面白かった。勉強になった」と書かれていると嬉しいものである。

わたしにとっては、子どものころちゃぶ台を囲んでの食事中に聞かされた爺さんの説教、洗濯板で洗い物をしながら話す婆さんの語りかけ、ガスも水道もない時代の風呂沸かしが役目だった家の手伝いが、道徳と総合学習の時間であった。一生懸命に生きている人の話にはいろんなモノがいっぱい詰まっている。時には外部の人の力を借りてでも、少年に「こういう世界があったのか」、「面白そう」、「自分もチャレンジしてみようかな」といわしめ、興味ややる気を引き出したい。

◆視聴覚教育

映像は人の心を動かす大きな力を秘めている。少年鑑別所では、視聴覚の時間をとって少年にビデオやＤＶＤを流しているが、彼らは意外と軽い娯楽番組だけでなく、重い番組にも肯定的な反応を示す。働きかける側が、いかに感動を与える内容のテレビ番組、ビデオ、ＤＶＤを吟味して選定できるかが視聴覚教育の成否を握っている。

ちなみに最近、ＮＨＫが放送した「スーパー職人大集合 ―技能五輪に挑んだ若者たち― 金メダル十六個」は特筆ものだった。少年らと年齢が近く、中には茶髪で眉を剃った若者が真剣にものづくりに取り組む姿も映し出されていたが、高校中退を余儀なくされ、世間でいう常識的なレールからはずれかけている非行少年にとっては、その姿形が自分らと重なって共感できたらしい。同じ世代の若者の姿に、その夜の彼らの日記には、「感動した。自分もやればできるのでは。頑張ってやってみようかなと思った」といった感想が多く記載されていた。いわゆる感動教育である。

現在は実にいろんなジャンルの素晴らしい映像が豊富に存在するので、生まれたときからテレビを見て育った彼らに対し、こうした映像を活用しない手はない。

■保護者への働きかけ ―家族療法的援助

少年にとって、少年鑑別所収容は審判を前にした危機的場面だが、他方、ひとり静かに自分を振り返られる場でもある。少年鑑別所では、「家族」をテーマにした課題作文を日課に組み込んでいるところが多い。生まれてから現在に至るまで家庭であったいろいろなことを文章で表現させるのである。また、親と子のそれぞれの立場から、一人二役で役割を交換させながら手紙を書かせ、親の気持ちを想像させるとともに自分の行動を客観視させるロールレタリングという処遇を行っている施設もある。

他方、親にとっても、少年鑑別所収容は、なぜこういう事態になったのか、自分に責任はないのかと振り返らせ、親として今までの子どもに対するあり方を見直させる好機になるのである。こうした状況での面会は、社会でのコミュニケーション不足やすれ違いを互いに振り返らせ、親子の関係改善のきっかけとなるかもしれない。

少年鑑別所には、家庭裁判所、少年院、保護観察所と違って「保護者に対する働きかけ」の法律上の規定はない。しかしながら、実際の臨床場面においては鑑別診断と処遇は渾然一体《こんぜんいったい》となっており、面会場面や保護者面接において親から相談を受ければ相談に乗るし、意識しないうちに指導教育的な働きかけを行っている。

非行化の背景には、家庭が落ち着ける場所になっていない、親との関係がうまくいっていないなどの問題が横たわっていることが多い。もちろん、家庭の問題といっても多岐にわたる。少年鑑別所が派生的に持つ教育的な能力を超える偏倚性や病理性を抱える家庭も少なくない。しかし一方で、ちょっとした方向づけで親子が自らの力で変容していく事例があるのも事実である。

ここでは、審判前の観護措置の段階で少年鑑別所がなしうる保護者への働きかけについて、現状を確認しながら、親子関係の変容を促す働きかけ、家族療法的な面接にかかる一般的な留意事項について考察してみたい。

◆親をその気にさせる

少年が入所すると、保護者あて「入所通知」と一緒に、家族の状況、子どものことで困っていること、心配なこと、施設にぜひ伝えておきたいこと、相談したいことなどの質問項目が入った「家族照会書」を同封して郵送している施設が少なくない。少年鑑別所としては家庭に関する情報収集が目的だが、文面いかんで、受け取る親に、少年鑑別所は身柄を預かるのみの施設ではない、相談できるところ、力になってくれるところという含みを持たせることができる。

また、施設によっては、面会待合室に「職員が、子どもさんのことでお話をお聞かせ願うかもしれませんので御協力ください。また、お子さんのことで相談したいことがあれば受付に申し付けください」などと記載されたパネルをはっている。施設に相談システムがあることの明確なメッセージが出されていると、ひとりで悩んでいる親にとっては救われる思いで相談してみようかという気になるかもしれない。

◆面会場面での関与・介入

面会に立ち会う教官の役割について一言触れておきたい。少年鑑別所の面会室は心を和《なご》ませるような調度品でレイアウトされ、リラックスして会話できるよう工夫されているが、面会場面で示される親の不安、少年の感情、親子のやり取りによっては、傍らで立ち会う教官の出番が求められる。ここでは想定される立会教官の役割について言及する。

①　少年鑑別所の決まりや今後の審判までの流れなど、知識不足による不安が親子あるいはどちらか一方にでも見られるときは懇切ていねいに説明する。

②　親から今後の対応等について質問を受けた場合は、可能な範囲で一般的な対応策と個別的な対応策を念頭に入れながら助言する。内容によっては、担当の鑑別技官に連絡をとりバトンタッチする。当たり前のようだが、細やかで誠実な対応が保護者との良好な関係を築く基本になる。

③　立会者は、面会が前向きな方向で進むよう援助する姿勢を持っておくこと。双方あるいは一方が興奮し、放置すれば事態が悪化しかねないと判断されるときなどは臨機応変に介入する必要がある。少年の親を困惑させるあまりに身勝手な要求、あるいは親の強引な押しつけはいさめなければならない。また、不穏な動きが感じとられる場合は面会を中断しなければならない。

④　親から「子どもはどうでしょうか？」との質問を受けることがあるが、実際、少年がまじめに所内生活を送り、日記に反省的な記載があったりすれば、その旨親に伝えるほうがいいだろう。話題とタイミングを考慮した合いの手も、場に真剣味と和《なご》みをもたらし、建設的な面会になるきっかけになる場合がある。

⑤　面会場面では、時として親子のゆがみや問題性が生々しい形で現れる。このため、

立会教官の心に否定的な価値判断や感情が湧き出るときがあるが、感情を表に出さないよう自己コントロールに努める必要がある。

⑥　ちなみに、毎日のように面会に来る母親がいる。甘えを高じさせるだけの目にあまる面会内容であれば、母親に、柔らかく「毎日見えるのも大変でしょう。たまには日を空けて、子どもさんに考える時間を与えるのもひとつのやり方かもしれませんね」、「手紙のほうが気持ちが伝わることもありますね」といった言い方で、親の気づきを促す対応もあっていいだろう。

わたしが在職中にこうした内容のことを言ったところ、「主人に相談したら「とりあえず毎日でも面会に行ってやれ」といわれたので来ているんですよ。わたしも毎日行っていいのかなあと思いつつ来ていました。今度からちょっと日を空けて来るようにします」と答える母親がいた。

面会は被収容者の「外部交通」に当たる法律上の権利であるが、当の親は子どもの対応に戸惑い、途方にくれ、どうすればいいか分からず、その結果が毎日の面会になってしまっていることがある。

◆親との面談あれこれ

非行化の背景には家庭に問題があることが多い。親から相談を受けたときや親子の一定の意思疎通・関係修復のきっかけづくりが急務と判断されるときなど、誰が親と面談するかという問題があるが、できれば鑑別技官が行う保護者面接の延長線上で技官が行うのが一番効率が良い。ただし若手技官が担当する場合は、年齢や経験不足から思うような展開が見込まれない場合がある。その際は、面接者を変更するなどの柔軟な対応が望まれる。

実際問題として、家庭には経済的な問題、家族の精神的あるいは素行上の問題、夫婦関係、同胞、親子関係などが複雑に絡み合っている状況があり、そこに踏み入ることはとても大変なことである。ここでは、少年鑑別所における家族療法的な援助には限界があることを認識したうえで、面接者が持っておくべき姿勢など親との面談あれこれを列挙してみる。

①　初めに「いろいろ大変ですね」といったねぎらいのことばをかける。このことばは、想像以上に親に安心感を与える。それまで固かった親の態度も何となく和らぎ、しんみり話し始める場合が少なくない。事がうまくいくためにお手伝いしたいという謙虚な姿勢で臨み、その気持ちが親に伝わるように心がける。また、示唆や助言はしても

親の自発的な動きを待ち、無理強いはしない。

② もちろん、一定の信頼関係が構築されれば、家族関係が好転するきっかけづくりとして必要最低限の方向づけを行いたい。鑑別技官が少年面接や保護者面接で得られた情報を総合し、親子間にある感情のすれ違いや、今のままでは事態がますます悪化しかねないことなど、親にその辺の事情を分かりやすく伝える。

親子というものは、直接顔を合わせると正直な気持ちをことばでうまく表現できないものである。第三者が緩衝《かんしょう》役となって介入することで事がうまく運ぶ場合がある。また、冷静に自分の気持ちや感情を整理して伝えられる手段として、手紙の活用を教えたりする。

③ 子育ての際に陥りやすい心理的な罠を引き合いに出しながら、過去の親子関係や今までの指導の仕方について振り返らせる。例えば、子どもを注意指導するには相当なエネルギーを要すること。子どもの好きなようにさせ、放っておくほうが楽であること。実は反発される、嫌われることを恐れ問題から逃げていたのではないか。自分自身に後ろめたいことがあるのではないかといった視点を持たせる。

④ 親は自分に問題があると、えてしてそこから目を背けがちだが、親の行動や夫婦間の軋轢《あつれき》が少年に悪影響を及ぼしていないか考えてほしい。原因や今後について両親

で真剣に話し合ってほしい。親に改めるべき問題があれば改めるよう努力してほしい。子どもが家に帰ったとき、親はいかなる気持ちで子どもを迎え、どのように接していくのかしっかり考えてほしい。進路、仕事、友人関係など親が援助調整すべきことがあれば、子どものために最善を尽くしてほしい。

⑤　子どもを心配する親のやさしさを否定するつもりはないが、それだけに終始していてはならない。子どもに反省している様子がうかがえないならば、「なぜ、こういうことになったのか」、「こんなことにならないようにするにはどうすればよいのか」、「人のせいにしているが、君が変わらなければいけないところはないのか」、「いかなる努力を行うべきか」などについて、明確に子どもに問う姿勢が必要だろう。

社会で親子のコミュニケーションが少なく、話し合いができていなかったと思うならば、少年鑑別所にいる時間と空間を利用し、親子で真剣に話しあってほしい。関係が好転するチャンスにしてほしい。

⑥　子どもに自分のした行為の重大さを認識させる。親が被害者への慰謝《いしゃ》に奔走《ほんそう》しているならば、その大変さを伝える。被害者の状況、お詫びに出向いた際の被害者の反応、被害者に負わせた体と心の傷、被害弁済の問題について話題にし、いろんな人に迷惑をかけていることを実感させる。

⑦　親業の基本は愛情を持って受け止めることである。まずは子どもの話を聞いてやる、思いを受け止めてやることから始まる。しかし、それは子どもの言いなりになることではない。子どもは、親が社会経験も自信もない自分の思いどおりになったら不安でたまらない。

彼らだって身勝手なことをやっていながらも、内心では自分のしていることにこれでいいのか、これは許されるものなのかといった漠とした思いを抱き続けているものである。親は、子どもがいつか気づいてくれるだろうと期待するだけで、何もせず見て見ぬふりをしていないだろうか。子どもの本質はそうではない。内心では、是々非々をはっきり指摘し、正しい方向に導いてくれることを願っている。

子育てとは、家庭が子どもの居場所となるよう受容することと、社会人として通用するよう教え導くことがあってはじめて車の両輪となり機能するものである。親には子どもを教え育《はぐく》む責任と義務がある。

⑧　基本的には家庭裁判所調査官が中心になってやるべき事項であろうが、疾病や障害があれば、家庭裁判所調査官と連絡を取り合い、求められれば医師の力を借りながら科学的な説明を行う。知的障害、発達障害、てんかん、精神病など、事例によっては投薬等を行いつつ専門的な治療の必要があることを話すほうがいい場合がある。

非行臨床ファイル4

リストカット

少年鑑別所に入所する女子少年はリストカット歴を持つ者が多い。二〜三割ぐらいはいるだろうか。中には、手首から上腕に向かって数え切れないくらいの切創痕がある少女がいる。彼女らは、なぜかくもこのようにリストカットに走るのだろうか。

遊び半分や友だちがしていたからという理由で一、二度で終わっているものはさほど心配ない。その程度ですまず、繰り返す少女たちがいる。彼女らは概して多くを語らない。彼女らの中には一見気丈な態度を示す子がいる。でも、実は自分を素直に表現することが苦手な子が少なくない。彼女の心の中には自己嫌悪やわけの分からない苛立ちが存在する。自分の身体を傷つけることでこうした心の傷《いた》みを表出し、血が流れるのを見て、生きている自分を実感し確認しているのかもしれない。リストカットは死ぬためでなく「生きる」ためにしているようである。落ち着かせるためにしているのかもしれない。

リストカットをやめさせるためには、見捨てられ感を持たせないことが大事といわれる。周囲は無理に理解しようと思わず、根気強く寄り添う姿勢を保つことが大事である。

第五章　少年非行を通して見えるもの

■非行対策は人づくりにつながる

非行は社会を映す鏡と言われるように、非行少年の世界から社会のいろんなことが見えてくるものである。とりもなおさず、そこには、非行少年の改善更生策を超えた社会における人づくりに通じるヒントもたくさん隠されている。

経済的には豊かになった日本だが、その代償として失ったものも大きく、精神的には何と貧しくなったことか。大人も子どもも自分さえ良ければいいという自分勝手な風潮が社会をおおい、最近の行政の相次ぐ怠慢と不正、政治の識見のなさに国民はあきれ、そして正直者が馬鹿を見る世の中に成り下がってきている。あいつらがいい加減なことをやっていることに比べれば、われわれがすることは大したことはないという倫理の欠如がまん延し、不正義がまかり通るようになれば、非行犯罪は増えることがあっても減ることはないだろう。非行対策、そして人づくりには、子育てに当たる家庭や学校にとどまらない大人一人ひとりが、そして誰よりも国の舵取りを任されている官僚や政治家が範となるべき生き方を示す必要がある。

非行少年は、今は社会のお荷物かもしれない。しかし、可能性を秘め、働きかけ如何でやがて、少子高齢化が進む将来の日本を背負って立つ健康な若者になり得るのである。

非行臨床という小さな領域からだが、生身の人間を扱うことを通して社会のさまざまな事象が透けて見えてくる。世の中の不条理も。しかし、我々はそこにとどまってはいけない。不条理の克服を目指すべくやらなければならないことは、身近なところから現実を正面から見つめ、物事のあり方を問い、できることから行動を起こすことである。ことは単に非行犯罪の限られた領域にとどまる問題ではない。

本章は、今まで論じた少年非行の実態を踏まえ、家庭、学校、地域社会などに対し感じたこと・思ったことである。

■非行を出さない家庭とは

非行少年の過半数は両親がそろっていない。家庭の葛藤や不和を抱える者が多い。かかる彼らの実態を踏まえれば、非行防止策としては、両親に健全な愛情と道徳心が存在すること、家庭が破綻しないことの重要性が明らかになってくる。

家庭には順風満帆《じゅんぷうまんぱん》のときもあれば、緊張状態をきたすときもある。程度の差はあっても紆余曲折のない家庭はあり得ないだろう。親が子どもの教育に戸惑い悩んだとき、家族は混乱し、互いを傷つけあい、迷路に迷い込む。『犯罪と非行』に遠山敏が記載していた「非行を出さない家庭」の小見出しを参考にしながら、家庭が居場所となるように普段から心がけてほしいこと、思い起こしてほしいことを次に挙げておく。当たり前のことだが、これがなかなか難しい。子育ての道しるべになればと思う。

① 家庭は円満であること、夫婦は仲良く

家庭における基本の「き」である。親同士が口もきかない、けんかばかりしていては、子どもは不安定な気持ちに陥り、人格形成や行動に悪影響を及ぼす。最近は、母親が強くなって父親の存在感が薄くなっているが、母親は父親を小馬鹿にしたような態度をとってはいけない。夫婦間の互いの批判や軽視は禁物である。家庭に温かい雰囲気があれば、たとえ多少の問題行動を起こしたとしても、子どもは我が家の温かいぬくもりを思い浮かべ、いずれ家庭に帰ってくる。夫婦関係は子どもを育てるうえでもとても重要である。

② ほめるときはほめる、叱るときは叱る

日本の社会全体が叱るということが少なくなっている。注意することが苦手になっている。しつけ（躾）という文字は「身」を「美」しくと書くが、しつけは親の一番の大仕事である。まずは親が自分の子どもに対し、「悪いことは悪い、良いことは良い」と子どもの目を見て明確にメッセージを発するべきである。いけないことをしたらタイミングを逸することなく、その場できちんと叱り注意することが必要である。一方、ほめることも同じくらい、いや、それ以上大切かもしれない。小さなことでも惜しみなくほめてやると、人間、ほめられて悪い気はしないものである。自分に対する肯定的な感情、さらに親の期待に応えようと前向きな動機づけが生まれる。

③　何でも子どもの言い分を受け入れて、甘やかすことがないように

子どもの要求をすべて受け入れてはいけない。「だめなものはだめ」とはっきり言うべきである。子ども可愛さに何でもしてあげることは、わがままで我慢することを知らない人間をつくることになる。子どもがすねても、それに動じてはいけない。友だちみんなが持っているからとか、友だちがしているからといった子どもの言い分に押し切られないこと。実は子どもの言いなりになるほうが簡単で、してやることを我慢することのほうがずっと難しく、エネルギーを要する。小遣いを与えすぎたり、物を買い与えすぎてはならない。モノで子どもを釣るようなことは絶対いけない。子どもの機嫌をとっているだけである。親がき然とした主体的な価値観を持つべきで、主導権は親が持つべ

きものである。

④　子どもは親の背中を見て育つ、親としての権威を保つこと

子どもは、普段の親の言動や生き方を見ながら自然とそれを取り入れていく。最近は、周囲の迷惑もかえりみず大声で携帯電話で話している子どもの母親であろう女性、車の中からたばこの吸い殻やゴミを捨てる、父親であろう男性が目立つ。注意されると自分に非があるにもかかわらず鬼のような形相で相手をにらみつける。子どものモデルとならなければならないはずの親が非常識で自分勝手な行動をとっていては、子どもの将来は思いやられる。

子どもだけ叱っても指導に効果はない。親は子どもから見られているという意識を持ち、自分を律しなければならない。気分しだいで仕事に出なかったりする父親、家事をろくすっぽしない母親からは、きちっとした生活に価値を見出していく構えを持つ子どもは育たない。精一杯、誠実に生きる親の後ろ姿を見せることができて、親ははじめて子どもから尊敬される。権威は尊敬に裏づけられるものである。

⑤「おはよう」「ありがとう」「いただきます」などのあいさつをいつまでも忘れず、そして子どもの成長から目をそらさず、関心を持つこと

子どもが小さいときは、「おはよう」「ありがとう」「いただきます」と言うが、子どもが大きくなるにつれ、親も子もこうしたあいさつをしなくなりやすい。いったん、あいさつをしなくなると今度は言おうと思っても言いづらくなる。無理してでもあいさつを交わし、家庭の礼儀として習慣づけよう。

また、子どもが何か手伝いをしたときは、必ず「手伝ってもらって助かった。ありがとう」と感謝のことばをかけること。子どもは家のために役立った、自分は家族の一員という気持ちになり、ひいては自分に対し肯定的な感情を持つようになる。これは決して大げさなことではない。さらに付け加えれば、食事の時は父親も子どもも「いただきます」「ごちそうさまでした」、そしてもう一言、「おいしかった」と言うこと。食事をつくる母親は張り合いが出て、笑顔が増え家庭の雰囲気はぐんと良くなる。

こうしたことを実行しながら、子どもが学童期に入ったりして手がかからなくなっても、遠くからでもいつも温かいまなざしを送ることを忘れてはならない。干渉しすぎて細かいことを言いすぎても反発を買ったり自立を妨げてしまうが、配偶者以外の異性関係やパチンコなどにうつつを抜かし放任や無関心になるとろくなことは起こらない。子どもは自分を見つめている親の温かいまなざしを感じていれば、むやみに無茶な行動に走らないものである。

⑥　一家団らんの場になる食事を家族みんなで

家族それぞれが殻に閉じこもり、ことばを交わそうとしない家族は要注意である。自然に会話が生まれる場として、「人」に「良」いと書く「食」事の場をうまく活用したい。親子の会話をしなければいけないといって、父親が思春期の息子や娘に無理に親子の会話をしようとしても、ぎこちなくなってうまく行かないことが多い。それより、食を通じた団らんが自然な会話につながる。孤食は良くない。外食はほどほどに。外食ばかりでは家庭の食文化も養われない。父親も一緒に家族みんなで料理し、できた料理をおいしくいただくという行為は、まさに食の楽しさと尊さを実感させると同時に家族のつながりを築き、確かなものにしていく。これが食育である。

ちなみに、最近の物価高や不況をうけて節約志向が生まれ、外食より家庭で食事をする内食（うちしょく）が増えているとテレビで報道されていた。物質的な豊かさの中で、個人個人が自分だけの世界を追い求めるあまり家族のまとまりがなくなっている時代が続いているだけに、ライフスタイルの変化とともに家族が家庭にもどり、家族が協力して生きていかざるを得ない状況になれば、家族の絆が回復するチャンスとなるかもしれない。

⑦　親友づくりに温かい眼をもって見守る

子どもも中学生になると親とはあまり話をしなくなる。親より友だちのほうが大事になってくる。親は少し寂しい思いをするかもしれないが、正常な発達であって喜ぶべきことである。何でも話せる、困ったときに相談に乗ってくれる親友の存在は、人の人生にとってかけがえのない財産となる。

非行に走るたいていの少年は、互いの為になる友だちを持っていない。一緒になって非行に走ってしまう悪友が多い。本当に相談できる友だちが一人もいない。そのため飛躍した思いこみや自分勝手な考えに陥ってしまう。そうならないように、困ったときには相談に乗ってくれる友だち、「お前、それはないだろう」といっていさめてくれる友だちがいるといい。

もちろん、友だちづくりは子ども自身の問題であり、また親友というもの、欲しいと思ってできるものではない。親が口をさしはさむ事でもない。でも親は、子どもの友だち関係について少しは気にとめ関心を持っていたほうがいい。もし、子どもの友だちづくりに協力できることがあれば協力したほうがいい。例えば、子どもの友だちが遊びに来れば気持ちよく迎え、たまにはケーキぐらい出してあげるといい。後で子どもが友だちから「お前のお母さん、感じがいいね」と言われるよう、彼らの世界にあまり首を突っ込まないようにしながら温かく見守るようにしたい。

⑧ たっぷり愛し、しつけをしながら手放す

繰り返しになるようだが、今一度確認しておく。こじれた非行少年ほど幼いころに親からの愛情や依存欲求を享受していない。依存というと甘やかしみたいで誤解を招きそうだが、幼いころの無条件に受けいれられ可愛がられた体験は、自分の存在を肯定するとともに他への信頼感を養うことになり、人格形成に好影響を及ぼす。依存なくして真の自立は難しい。たっぷり愛し、しつけをしながら自然と子どもを手放すことができれば、親離れ、子離れとしても最高の形かもしれない。

■学校教育のこと

主に中学校のことを念頭において論じることにする。学校教育については門外漢であり、見当違いのことを言っているかもしれないが、非行臨床をとおして連想することという趣旨でご理解願いたい。

① 非行少年は中学卒業、高校中退という中途半端な身分で社会に出ていかざるを得ないことが多い。ところが彼らを見るたびにいつも思い知らされるのは、社会生活を送るうえで基本的な学力や知識に欠け、中には小学校中・高学年レベルの掛け算、割り算、分数計算が正確にできないこと、また、生きていくうえでの常識や知恵があまりにも身に付いていないことである。

成績中心主義になりやすい現行の学校教育の中にあって、非行少年の多くがそうだった〝落ちこぼれ〟に位置づけられる生徒を、どうすれば生き生きした前向きな存在になし得るかという話になるが、ひとつの対応策として、社会で生きることを具体的にイメージさせる教育プログラムがあってよいと思う。

大学進学する生徒にとっては働くことは遠い先の話かもしれないが、中学卒業や高校中退の学歴で社会に出て行かざるを得ない生徒にとっては、中学三年にもなると働くことは現実味を帯びてくる。もっと社会生活と直結した具体的な知識、技術、知恵を提供し、関心と目標を持たせ、やる気を引き出せないものだろうか。学校教育の守備範囲でないという意見があるかもしれないが現行の社会システムでこうしたことを実行するとすれば、できるのは学校しかない。授業に、早晩社会人として旅立たねばならない生徒がいることを前提にした体系だった特別なプログラムを設け、社会人教育をもっと取り入れるべきである。

② 思春期前期に当たる中学生の時期は心身ともに成長著しい時期であり、学校生活を通して身に付ける、学びの過程を通じて得られるたくさんの大切なことがある。新たなことを発見した驚き。努力して課題を達成したときの喜び。友だちとの共同作業やクラブ活動などで体と体のぶつけ合いを通じて得られる苦しみ、感動、一体感、ふれあい、友情。ぶっきら棒でも面倒見が良い頼もしい先輩や胸ときめく異性との出会い。厳しいときは厳しいが、受け入れてくれるところはしっかり受け入れてくれる教師の存在など、学校生活には、将来、血となり肉となる土台作りのエキスがふんだんに詰まっている。第三章でも述べたように、こうした体験が欠落すると後になって付けが

回ってくる。

釈迦に説法だろうが、再確認という意味であえて続けさせてもらう。人にはそれぞれ得手、不得手がある。少しでも得手があれば持ち味として積極的に発揮させ評価してやることが、その人を前向きにさせる。陳腐な例で申し訳ないが、成績は悪いが足が速い生徒にとっては、運動会は活躍し自己表現できる数少ない機会である。他の生徒はあの生徒は足が速いと一目置いて接し、下級生から見れば格好いいと映り、大人は「〇〇ちゃんは足が速いね」と賛辞を送る。ちょっとしたことのようだが、本人にとっては誇らしい限りで、自分に自信を持てるようになる。

ちなみに、ある大学の調査結果で、学業成績やスポーツの成績は教師に期待されることで上がり、期待されなければ下がるという報告がなされていた。逆に、人間はいったん苦手意識を持つとそこからなかなか抜け出せず、モチベーションを持てなくなり、その後の進路、さらには人生まで左右してしまう場合がある。当たり前のことだが、忘れてはならない事項である。

③　すでに古いことばになったかもしれないが「学級崩壊」とか、最近では「モンスターペアレント」の問題など、本来の教育以前の問題に頭を悩まされている現場教師の苦

労は大変なものであろうと察する。

学校現場が抱える身近な問題として服装違反があると聞く。カッターシャツをズボンからだらりと出し、しかもそのズボンはずり下げる。またカッターシャツのボタンは上から二つどころか三つはずす。女の子はスカートが短い。髪を染める。ピアスを付ける。下手に注意すると「このくらいなぜ悪いんですか。誰にも迷惑をかけていません」と逆襲にあうらしい。

中学生の時期は発達的に多感で不安定な時期であり、多少の逸脱は大目に見る必要があろうが、といって、これ以上の逸脱は許されない一線を越える行為については、「だめなものはだめ」と厳しく禁止すべきである。大人はとかく彼らの反発的、挑戦的な雰囲気に気圧《けお》されやすいが、彼らは実は自立と依存のパラドックスの中で自分ではどうしてよいか分からず、ただ子どもの自分から脱皮しようとももがいているのである。

学校には学校のルール、社会には社会のルールという大人の壁があることをき然と教えるべきである。もちろん言うまでもなく、その際は頭ごなしでなく、生徒の話に耳を傾けつつ、血が通った本気な指導を要する。好き勝手をしても何も指導されないならば、これでいいのかと半ば拍子抜けしながら生徒はどんどん増長していってしまう。

一方、問題生徒の中には周囲の想像を超える根深い問題を抱え、自身でもそのストレスに圧倒され、自分の行動をコントロールできなくなっている生徒がいる。熱心な教師ほど生徒が少年院送致になることに抵抗感を抱き、何とかしようと抱え込みたがる傾向があるが、見通しが立たないようであれば「餅は餅屋に」任せるべきである。生徒自身、内心、強力で他律的な枠付けを求めている場合がある。

④　もうひとつ、わたしの子育てを思い出してもそうだが、子どもたちも中学生にもなれば、小学生のころと違って親や教師の話にはあまり素直に耳を傾けない。ある面ではこれが思春期における正常な発達である。その一方で、第三者である社会でもまれた大人の話には、興味を持って耳を傾ける。学校教育は、地域の知識や経験が豊富な大人の力をもっと活用してはどうだろうかと勝手な連想をしてしまう。

■職場のこと

非行少年が少年鑑別所を出所し、社会に帰るたびに痛感していたことは受け皿の貧しさ、すなわち社会資源不足である。彼らの家庭は概して物心両面において監護能力に欠け、頼りにできない。当の本人も中学卒業や高校中退の身分で、社会的能力が身に付いていない状況である。したがって、ポンと社会に放り出されても、十六、七歳の彼らを右から左に受け入れてくれる職場などなかなか見つからない。親戚の力も、最近は親族間の結びつきが希薄化し期待できなくなった。彼らは一体どこに行けばよいのだろうか。

少年鑑別所でせっかく芽生えた反省は次第に消え去り、どうすればいいか途方に暮れながら危険な空想をしてしまわないだろうか。元の不良仲間のところにまいもどり、またいい加減な生活を始めてしまわないだろうか。高校や大学のレールからはずれた少年らは、まさに「大海原に放り出された行き先が見えない漂流者」である。知人や先輩の伝手《つて》で配管、鉄筋、足場鳶《とび》、調理などの職場を見つけ、もしそこに理解ある雇主や先輩がいればラッキーというのが実情である。

二年前、わたしはぼろ家の自宅の塗装工事を業者に依頼した。その際に足場の組み立てに二人の若者が来た。一人は二十代後半の落ち着いた感じの青年、もう一人は十七、八歳ぐらいの少年だった。少年は少し仕事の要領も分かりかけてきている感じで、時おり先輩から指示を受けながらてきぱきと仕事をこなしていた。昼食時、近くのコンビニで買ってきた弁当を二人並んで広げながら、先輩が穏やかな口調で話しかけ、少年は素直に受け答えしている様子は、見ていて和《なご》む雰囲気のものであった。わたしが三時のおやつを出すと恐縮していた。

少年鑑別所が家庭裁判所に提出する鑑別結果通知書の中に、非行少年が更生するための条件や環境づくりの内容を記載する欄があるが、「就労及び職場定着」、「目標を持つ」、「不良交友を断つ」、「親子関係の改善」、「信頼できる人との出会い」、「余暇の善用」などを挙げることがある。この項目を見つめていると非行少年の世界、そして彼らを受け入れる社会のあり様も透けて見えてくる。

この二人の風景は、若くして社会に飛び込んだ少年が、面倒見のいい先輩の下で可愛がられつつ仕事を覚えていく。職場での人と人とのふれ合いから、人間的に、社会人として少しずつ成長していき、生活に目標と希望を持ってやがて一人前になり自立していく少年の将来を連想させる。先輩が良きモデルになって、好青年を生み出す正の連鎖である。「この人は善い人なんだ」「仕事が楽しい」と思わせる職場の存在は重要である。非行臨床の現場では、家庭に恵まれない少年が多いだけに職場が擬似家庭となって、そこで親代りとなるような大人との出会いに恵まれればと思うことがしばしばである。

ちなみに、十八歳未満の少年少女を雇う事業主には、国や地方自治体から何らかの経済的な援助措置があってもいいのではないかと思う。

■地域社会と行政

人生は働くばかりでは息がつまり、仕事も勉学も長続きしない。大人でもそうであるのに、ましてや少年は言わずもがなのことで、仕事や勉強以外の遊びや趣味・スポーツは社会生活を送るうえで軽んじられない地位をしめる。

ところが、中学校・高校生活と縁が切れることが多い非行少年の場合、好きな野球やサッカーや音楽をしたくてもなかなかチャンスに恵まれず、せっかくのやる気や特技が活かされない実情にある。暇ができた時に何もすることがないと、つい以前のよろしくない空間に出入りし、不良グループとのつき合いが再燃しかねない。非行少年の立ち直りには余暇の善用が不可欠で、そのためには地域におけるさまざまな活動に関する情報があればと思う。

そこでどうだろうか。わたしが知らないだけですでにこの種のことは実施されているかもしれないが、地域のミニコミ誌や市政だよりなどで、「若者向けの余暇活動に関する情報」欄をもっと充実させるなどして、余暇を無為に過ごしている若者にこうした活動の輪があることを知らしめ、好きな活動に参加させられないだろうかという提案である。もちろん、その前提となる市民の協力を得るためには行政の積極的な後押しが必要である。特に非行少年の社会での改善更生業務を担当する保護観察所には期待したい。

わたしが住む福岡には「博多祇園山笠」なる祭りがある。祭りに関心がある方には言わずもがなの男衆の熱気に溢れた勇壮な祭りで、毎年夏の暑い盛り、博多の街は山笠一色に彩られる。オートバイの無免許運転で少年鑑別所に入ってきたある少年は、この山笠によちよち歩きのころから参加していた。彼は幼いころから不遇な家庭環境にあったが、彼は中学卒業後すぐに働き始め家計を支えていた。中学生のころは腕力が強かったため、同級生から何かあると頼りにされ、少年なりの正義感もあってもめ事に巻き込まれることはあったようだが一線を越えない節度を保ち、ものの考え方もしっかりしており、実直で素直な性格だった。無免許運転はいけないことはもちろんだが、頑張って生きている彼の話を聴いていると、その陰には山笠を通じた地域の大人や兄貴分の支えがあったことが見えてきた。家庭的に恵まれない彼を、山笠を担う町内自治会のみんなが何やかやと親身に気遣い、かつ大人になるしつけを行っており、少年は地域の大人に対し感謝のことばを口にしていた。

今どき地域のつながりはすっかり薄れたと思っていたが、「博多んもんは山笠で育つ」ということばを実感し、まだ地域の教育力というものが残っているのかという思いを持ったことがある。若者のマナーの悪さを嘆いているだけでは事は前に進まない。大人一人ひとりがもっと意識を高く持って地域社会のつながりと活性化に努めることの大切さを改めて痛感した。ちなみに、彼は審判で「保護観察」処分を受け、以後、警察沙汰などは起こしていないと聞いている。

話は変わる。最近は嘆かわしいことだが、大人も子どももどこにでもごみを捨てる、場所をわきまえず携帯電話で大声で話す風景が珍しくなくなった。それを注意する大人もめっきり少なくなった。下手に注意すれば相手に逆切れされかねない。注意した子どもの親が出てきてトラブルになりかねない。それより知らんふりを決めこむほうが無難ということだろうか。警察もそう指導しているらしい。しかし、これでいいのだろうか。小さなマナー違反やルール無視が日常化していくと次第に悪さをすることに抵抗感がなくなる。

具体的な注意の仕方を考えてみよう。頭ごなしの注意はリスクを伴う。教え諭《さと》すつもりで、やんわりと周囲近所に迷惑をかけていること、自分がされたときの気持ちを想像させながら自覚を促したい。もちろん、一人で行動を起こすには勇気が要るので、誰かが一緒にいてくれるほうが心強い。地域の大人たちがもっと結びつきを強め、地域の力によって公共心や道徳心を社会に浸透できればと思う。

ひとつ、わたしのやばかった体験を披露する。自宅隣のビデオレンタル店駐車場で、若者たちが深夜までたむろし大声を張り上げ、またオートバイを代わる代わる爆音を鳴らして運転していた。近所迷惑もはなはだしい日が続いたので、警察に何回か通報したがなかなか収まらず、とうとうある夜のこと、自ら出て行き厳しく注意した。ところが二、三人相手のつもりだったが、後ろから仲間がぞろぞろと出てきて十人ぐらいに取り囲まれるはめに陥った。さすがにやばいとびびっていたところ、天は我を見捨てず、そのうちの身体の大きいひとりが「やめろ。帰るぞ」と制止してくれた。暗がりだったが、その少年をよく見ると、以前少年鑑別所に入っていた少年であった。わたしが少年鑑別所の先生と気づき、とめてくれたようである。九死に一生を得たというと少し大げさだが、自分の無謀さを反省した。ちなみにその後、彼らがたむろすることはなくなった。

こういう時は警察に遠慮なく繰り返し通報することが一番の対応策である。ただ住民には、警察に電話すること自体が敷居が高いというか、面倒になりそうという意識がある。この辺のことは自治会や警察の問題である。

第二章で「良いことは良い、悪いことは悪いとはっきり注意指導してもらってよかった」という少年の反応を紹介したが、地域の大人たちも常識的におかしいことに対しては、やり方に工夫はいるものの何らかのアクションを取るべきであると思う。子どもを甘やかしいっぱいに育てた親が、大きくなって我が子の暴君ぶりに困り果て、その挙句《あげく》子どもから殴られ怪我を負う事件があった。子どもは是非を明確にした指導をしないと自分勝手な行動をとり増長するものである。

■少年院について

問題生徒を担当する女性教師が「生徒を少年院にやりたくない」と言っていた。このことばの裏に少年院に対する理解不足を感じたので、関係機関の一員として少年院の処遇や行事にたびたび参加し、また在院中の生徒と面接をした体験をもとに、少年院のことについて若干触れておきたい。

統計的な数値を見ると、少年鑑別所入所少年のうち二割から三割の数の少年が少年院送致になっている。彼らは、事件の重大性や反復性、人格や価値観の偏り、保護環境の悪さなどから少年院送致決定を下され、自分でもどうしようもないほど行動をコントロールできず、非行でしか自己表現できなくなってしまっている。学校教育や社会内処遇の域を超え、立ち直りには少年院での教育が必要と判断された少年たちなのである。

以前、某少年院の運動会に出席したときに書き留めていた感想入りの当時のメモを紹介してみよう。

運動場に行ってみると出席している保護者の数の多さに驚いた。院長によれば、「今年は例年になく保護者の出席が多く、予想外。生徒の八割の保護者が来ている」とのことであった。決して家庭環境は良くないのに、親の出席が良いということは、やはり親というもの、我が子は可愛いものかと当たり前のことを思ったりした。

種目の中で心に残ったものが二つあった。一つは親子の二人三脚である。親子がそれぞれ片足ずつひもで縛って競走する、皆さんもやったことがあるだろう、あれである。速く走るためには、お互いの阿吽《あうん》の呼吸が大切である。母と子が、父と子が、こんなに身体をくっ付け合い、互いの肌と肌を感じあうことは何年ぶりだろうか。この二人三脚が、社会で生じた親子の溝を埋めるきっかけになればと思う。時には転倒しつつ親子が声を上げて仲良く競技に取り組む姿を見ながら、理屈でない、肌と肌の接触から生じる家族療法的、教育治療的な効用を連想した。

もう一つは、生徒全員が一斉に参加する集団演技だった。題材は、かの有名な「走れ、メロス」。ミュージカル風に王、わたし、友人役の生徒が腹の底から声を張り上げ、まわりの全員がダイナミックに踊り回る。シーンごとのバックミュージックの選曲が素晴らしく、一段と場を盛り上げる。一人ひとりをよく見ると、動作が合わなかったりぎこちない動きもある。しかし、そんなことはささいな事である。見ている者を感動させるものがある。これは、きっとわたしだけが感じていることではない。出席した親も感じているはずである。生徒たちの、今日の運動会のここに至るまでの話し合い、すれ違い、工夫、非難、迷い、助け合い、努力、激しい練習はいかほどだったろう。そして今、ここでの高揚、興奮、喜び、達成、感動。生徒は、今ここで、自分らの集団演技ができあがったことを身体で感じている。さらに、この集団演技を見ている親は何を感じるだろうか。何を考えただろうか。「素晴らしい。よくここまでやった。我が子ながら子どもを見直した」。ひるがえって「自分はどうだろうか。親として問題はなかったか。自分は何もしてやれなかったのに、子どもは頑張っている。自分も負けずに頑張らなくては」と思ったのではないだろうか。出席していた出身学校の教師も、「学校では落ちこぼれで、はみ出し者だった彼らがここまでできるとは」と驚いたのではないだろうか。そして、懸命に指導する教官の姿に感銘を受けた。こういうことが少年院では行われている。

一方、肝に銘じておかねばならないことばを紹介する。スクールカウンセラーをしている知人と結婚式で席を同じくする機会があったが、彼女いわく「学校は指導をしようにもそこまで持っていくのが大変です。その点、矯正は強力な枠があるので恵まれていますね。わたしが矯正にいたらもっといろいろ働きかけられるかもしれませんね」と、やや含みを持たせた発言をしていた。現在の学校現場の大変さをうかがい知ると同時に、少年院は自分らの恵まれた立場をどれほど認識し矯正教育を行っているのかという問題提起とも受け取れた。少年矯正施設は、他ではできない指導教育ができる職場・教官冥利に尽きる環境にある幸せをもっと自覚しなければならない。

■少年鑑別所の来し方、行く末、あり方

「わたしが若いころは……」と言うと、年寄りがひとりよがりな思いこみとノスタルジーから昔のことを自慢げに話す光景を連想してしまい、書くのをためらったが、歴史から学ぶ姿勢もあってもいいだろうと思い、少し触れておく。

わたしがこの業界に入ったときの某少年鑑別所は、収容数は多くなかったが、少年の健全育成の理念と鑑別・観護の有機的一体化をスローガンに「治療教育的処遇」なる熱い処遇を実施していた。小倉少年鑑別所（現在、福岡少年鑑別所小倉少年鑑別支所）のように、地域の更生保護婦人会や中学校と連携して「木曜相談」なる地域活動を活発に行っていた施設もあった。保護観察所で実施されていた、交通保護観察中の少年に対する交通講習にも定期的に出向いていていた。

しかし、昭和から平成の時代に移ったころからだろうか。社会の権利意識の高まりや

国の行政機関ゆえの用心深さを背景に、法律に明記されていない処遇をやれば間違いのもといったような雰囲気が拡がり始め、少年鑑別所が持っていた理念や気概が少しずつ後退し、深い問題意識を持った職員も少しずつ減っていっているような気がしてならなかった。ところが、最近になって再び育成的処遇なる呼称で少年鑑別所の処遇の充実が叫ばれ、新たな動きが生じている。日本の国全体が青少年の育成について危機感を持って論じるようになっている最近の動きを、処遇現場はぜひとも追い風にし、処遇のさらなる活性化につなげてほしいものである。

◆もったいないぞ、少年鑑別所の教育的機能

今後いっそうの少子化を迎え、また成人年齢の引き下げが論議される社会の動きのなかで、少年鑑別所は新たな局面を余儀なくされるかもしれない。

変わるべきところは変わらないといけない。例えば権利義務の感覚は、従来の少年鑑別所でもなくはなかったが、見直すべき部分があっただろうし、その面では権利義務関係の具体的な取り入れは良かったと思う。ただ、「話してなんぼ」の少年施設で、権利義務だけにとらわれすぎると組織防衛に終始してしまう管理的な処遇になりかねず、早晩拘置所化の道をたどってしまいかねない。

少年鑑別所には、変遷をたどりながらも先人たちが築き上げた五十年以上にわたる鑑別と処遇の蓄積がある。今も現場では少年の立ち直りを願い、地道な働きかけや細やかな処遇を実施し続けている施設があり、それを支える職員がいる。統計的に見ても、少年鑑別所の段階で立ち直っている少年はたくさんいる。少年鑑別所の処遇は彼らの立ち直りに一役も二役も買っている。少年鑑別所は自らが持つ力を信じ、もっといろんな方面に出向いて活躍すべきであると思う。何となれば、少年鑑別所が持つ教育的な機能が活用されないまま埋もれていくとすれば、何とも「もったいない」話だからである。

◆少年鑑別所と少年矯正行政への期待

① 少年鑑別所が持つ教育的機能の発揮先として、同じ法務省の保護局の出先機関である保護観察所が実施する「保護観察」への関与はできないものかと思う。というのは、現在、保護観察に付されている対象者は相当数に昇るが、指導の実態は、ほとんどを民間人の保護司に頼っている状況で、少年鑑別所が連携協力できる余地があると思うからである。ある処遇を必要とする対象者を定期的に少年鑑別所に集め、例えばＳＳＴを使って対人関係の改善や就労支援等を実施するのである。未成年に限らず、若年成人を交えた集団処遇も可能なはずである。

② また、最近保護観察処遇の根拠法令である更生保護法に「保護者に対する措置」が明記された。少年鑑別所に入所する少年のうちおよそ三割は「保護観察」で出所するが、担当技官や教官はその少年の親と顔を会わせいろいろ話している。この流れから少年の家庭の事情や問題の所在を理解している技官なりが、保護観察中の家族療法的な援助に参画することは有効と思う。一定の役割を発揮できるのではないかと思う。

③ 行政的な話になるが、国の末端の出先機関は監督調整官庁の意向に従わざるを得ない立場にある。施設現場の力でできることもたくさんあるが、中には施設の力のみでは限界があって思うようにできないこともある。例えば、上記の①と②で提案した保護観察所との連携協力などは、矯正局と保護局のお墨付きがあるほうが全国的な拡がりが期待できよう。

施設の長による監督官庁をうなずかせるような現場サイドの提案と、監督官庁における理念と哲学をもった行政の舵取りが融合して機能すれば、少年鑑別所のさらなる活性化が期待できるはずである。

④ 「地域社会における非行の専門相談機関」というと手垢《あか》の付いたフレーズかもしれないが、地域社会で少年鑑別所ができることは少なくない。矯正施設はとかく塀の中に閉じこもりたがるが、周囲をながめると社会のあちこちにニーズがある。わたしは

中学校、高校、公民館などで講演を行った経験があるが、生きた非行の話、そこから見える人間模様、親のあり方、子育ての話をすると、生徒も大人も真剣に耳を傾けてくれた。講演料等にかかるお達しがこうした活動にブレーキをかけた話を耳にするが、学校も家庭も地域も子どもの育成には頭を悩ませている。少年鑑別所が本腰を入れて地域社会に向っていろいろなメッセージを発信できるようになれば、地域社会との新たな関係と展開が生まれる可能性があると思う。

「少年鑑別所のあり方」などとたいそうな小見出しをつけたが、わたしが言わんとする事は全体の内容から読み取ってほしい。

最後に、保護観察になった少年が出所する際に残したことばを紹介しておく。

「先生、少年鑑別所に入って良かったです。俺の後輩たちも四、五日でも鑑別所に入って勉強させるといいですね」。

非行臨床ファイル5

一歩踏み出し始めた引きこもりの少年

「建造物侵入」事件を起こした少年がいた。高校入学後すぐ不登校に陥り、以来二年間仕事に就くこともなく家に閉じこもり、パソコンとケータイに耽るだけの昼夜逆転した毎日であった。ところが、入所の際は、顔を隠すように長髪を前にたらし、暗い感じのおとなしい少年であった。少年鑑別所の規則正しい生活、集団生活、さまざまな日課が刺激となったようで、少しずつ表情に活気が出てきた。SSTにおける役割演技のときは最初はちゅうちょしていたが、そのうちぎこちないながらも懸命に役割をこなそうとし始め、その姿は印象的であった。面会に訪れた母親は、家では顔を上げようともしなかった少年が、母親の眼を見て話す少年の変化にたいそう驚いていた。

審判前日の少年の日記には、「ひょっとしたらやれるかもしれない。少し力が湧いてきたみたいで、外に出られたら頑張ってみようかなあと思う」という趣旨の記載があった。

第六章　少年審判のこと

■審判廷の風景

普通の人は見ることができない少年審判廷の風景をスケッチしてみよう。しばしばテレビで報道される刑事裁判との大きな違いは、まず法廷に当たる審判廷が非常に狭いことである。検察官も傍聴人もいない。非公開である。さすがに裁判官の前には大きな机があるが、裁判官の服装は刑事裁判のときと違って黒の法衣でなく、暑い夏にはクールビズでノーネクタイのときもある。裁判官の両側に調査官と書記官、裁判官の正面に少年、少年の両隣に保護者、少年の後ろに少年鑑別所の教官が座る。また、最近は弁護士が付くことが増えてきている。その外、必要に応じ雇主や学校教師などが出席することがある。

重大事件によっては、検察官が出席したり、裁判官も合議制をとり三人になったりするときもあるが、通常は一人の裁判官の指揮の下、限られた関係者の中で少年法の精神に基づき「懇切を旨として、和《なご》やかに」審理が進められる。

■裁判官のこと　―審判処遇

裁判官は、相手が少年であること、刑事裁判のように検察官と弁護士のやり取りを通じて審理が進む仕組みにないこと、審判はほとんど一回で終結することなど、かかる審判構造の中で一人で全責任を背負って審理を進め処分を下さねばならない。言わずもがなのことであるが、この責任の重さを前に、裁判官はいかなる心構えでいなければいけないのか。必要な資質とはいかなるものか。刑事裁判と違って留意すべき点はないか。真剣に考えておかねばならない命題である。

わたしの記憶に残っている数人の裁判官を紹介しよう。年代を遡《さかのぼ》りながら昭和の古い順から挙げると、一人目の裁判官は、大岡越前という風情《ふぜい》の裁きをする人で、保護者に対しても厳しく諭《さと》していた。個人的にはテニスとお酒でお付き合いいただいたが、人間味溢れる裁判官であった。二人目の年配の裁判官は、老練な雰囲気を漂わせながら「気の毒な境遇であるが…」という台詞《せりふ》をよく使用していた。平成の時代に入っての三人目の裁判官は、少年審判の教科書に載せて良さそうなていねいな審理を行う冷静な裁判官だった。四人目の裁判官は、若いこともあって問題の本質になかなかせまれない裁判官であった。五人目は、筋が通った審判をする熱血漢だった。自分の気持ちが少年の心に届くまで時間をかけ、そのひたむきさはその場にいる者の肌に伝わった。

こうした審判を見聞きしてわたしが至った結論は、少年審判とは単なる断罪の場ではない。法律の理屈だけですむものではない。少年の心の奥深いところで蠢《うごめ》いているものを明らかにし、コンプレックスを浄化させていき、場合によっては少年に対してのみならず親を巻き込んで家族のきわどい深淵に切り込み、カウンセリング的な役割を果たさなければならない、人のどろどろした部分を扱うきわめて人間的な行為であるということである。これこそが少年審判の醍醐味で、非行臨床としての審判処遇である。

もちろん審判なるもの、事件によって、少年によって、その背景と抱える問題性によってさまざまな展開をとるだろう。しかしながら、多くの少年は少年鑑別所にいる間にあれこれ思い悩み、不安と動揺を押さえながら審判という運命の場に臨んでいる。決定がどうであれ、審判が少年にとって贖罪《しょくざい》と再出発の場になって欲しいと思う。裁判官はこうした少年を前に、全人格的に関わり合わなければならない義務を負っている。

■調査官のこと

家庭裁判所調査官は、審判までの間に少年と何度も調査面接を重ねている。少年鑑別所に入ってすぐの時に会い、例えば、事実確認の際の少年の不自然な供述も知っている。表面的な態度に終始していること、この場さえ切り抜ければよいと考えていること、少年が素直になり心を開きつつあること、今後どうしてよいか分からず悩んでいること、親との関係で混乱していることを知っている。少年保護事件における要《かなめ》は調査官といってもよいかもしれない。少年審判が少年審判らしくなるかならないかは、およそ調査官の力量にかかっている。

非行少年は、総じて自分の気持ちをことばにして表現する力が弱い。自分の気持ちを洞察することも苦手なため、口から出ることばは比較的単純な言い回しになりやすい。しかし内心には、いろんな感情が渦巻いていることが少なくない。ことばの裏やことば以外のところに深い意味が隠されている場合がある。調査官には、こうした少年の混とんとした複雑な世界を読み取り、これを整理・分析、焼き直してロゴスの世界である司法の場に移し替える、いわば法律と心理の領域を結合し融合させる役割を課せられている。

わたしは、調査官が審判廷でいかなることばで少年の内省を引き出し、どう親を刺激するのか、そして、どうやって今後の生き方を視野に入れさせつつ処分の意味を理解させ、少年院送致ならばいかに納得させるか、という目でもって審理をながめていた。「言うは易《やす》く行うは難《かた》し」である。それでも、ある調査官は少年の心に響くためにはどうすればよいかいつも思案しているようで、ことばを選びながら時に厳しく迫り、時に温かいことばをかけていた。彼が出る審判はいつも楽しみであった。

非行臨床に携るすべての者に通じることだが、少年を切り捨てるのは簡単である。しかし、それは自分の手に負えないと宣言し、非行臨床家としての自分を否定していることであると思う。

◆ある審判　その1

少年審判に関する読者のイメージを膨らませるために架空の事例を創作してみよう。大学を一年で中退したある男子少年が帰郷し、その後、日ならずして傷害事件を起こした。保護観察で出所したが、また、知り合いに言いがかりをつけ殴ったうえに金を脅し取ろうとして、再び少年鑑別所に入ってきた。

両親と姉の四人家族で、外形的にはごく普通のどちらかといえば恵まれた環境の家庭であった。少年鑑別所に一度目の入所の際は、関係機関は「性格的に自己顕示的なところがあり、大学中退後の不安定な生活と挫折感を背景にした犯行」という見立てであった。ところが、二度目の入所途中から、父親が毎日のように頻繁に面会にくるようになった。父子の面会は最初こそ表面的な反省と説諭に終始していたが、次第に小学生のころに遡る親との関係が話題に出始めるようになった。父親は、少年が口には出さなかったが以前から悩みを持っていたことに薄々感づいていたようである。その後、少年の口から少しずつ小さいころから出来が良くて如才ない姉の存在、何かといえばその姉と比較する母親、一方で田舎の価値観ゆえの男ということによる親戚一同からの過度な期待などの話が出るようになった。その後、期待に応えねばならない男としての義務感と期待に応えられない自分のふがいなさ、高校進学の時も大学進学の時も無理して周囲の意向を優先してきたこと、思いを口に出せず長い間一人で悩んでいた胸の内などが調査面接で明らかになっていった。

審判では、裁判官が、少年に対する本件非行に関する質問を終えた後、調査官が父親に水を向けた。そうすると父親は、やや時間を置き、「わたしが子どもの気持ちを薄々感じていたのに、知らんふりをしてしまったことがこうなった原因」と言い、小さいころからの少年の様子をぽつりぽつりと語り始めた。そのうち少年はうつむき、涙を流し始めた。裁判官が、母親にことばをかけると、それまで黙って聞いていた母親も一気に感情が溢れ出たように泣きじゃくり、少年に「ごめんなさい」と謝るのであった。

少年審判は、単に処分を下すというものを超えた人の心を動かす力を持つ。さながら人間ドラマである。

◆ある審判　その2

同じく傷害事件の設定で、少年審判らしい審判を提示してみる。

①　少年に、犯行の動機やそのときの感情を振り返らせる。状況因子が加わり犯行がエスカレートしたものであったが、そうした状況に反応しやすい少年の性格上のことを話題にする。

②　裁判官は一方的に問題を指摘しない。少年の口から自らの問題を語らせるような質問を遠まわしに投げかける。

③　短気な性格に関し、怒りによって人を脅す、操作するといった行動パターンに焦点を当て、また、いつごろからこうした行動を身に付けてきたかについて話題にし、横断的、縦断的な視点から審理を展開する。

④　ここで、出席していた両親に疑問を投げかける。すると母親が、末っ子で可愛さのあまり甘やかしていたことを語り始める。兄だったら「千円くれ」とねだられても端から相手にしなかったが、末っ子の少年に対しては「千円ぐらいいいか」と思ってやった。少年も「自分の願いを聞き入れてもらえそうもないときは、ふてくされ怒ると小

遣いをもらえた」ことを語り始める。裁判官は、怒りによって相手を怖がらせ、自分を強く印象づけようとする行動パターンの芽生えを家庭の場から説明する。

⑤　さらに、十九歳になっても強がる背景に、社会的場面で認められない自分への自信のなさと、そのことへの苛立ちがあることを指摘する。さらに、その解決策として職業的な資格をとること、平素の仕事ぶりを通して上司・先輩の評価と信頼を得ることの大切さを助言する。

⑥　また、少年が少年鑑別所に入っている間に、親と兄が被害者宅にお詫びに出向いたこと、被害弁償の示談交渉をしていることを話題にする。そのことによって被害者の感情、家族にかけている大変な迷惑を実感させ、犯した罪の重大性を認識させる。

■弁護士のこと

少年審判に弁護士が付くということは、わりと最近まで稀《まれ》であった。少年鑑別所に身柄をとられた事件のうち弁護士が付いた割合は、平成十年当時にわたしが在職していた某少年鑑別所で十数パーセントだったことをおぼろげながら記憶している。地域差はあろうが、全国的にみても当時はその程度だっただろうと思う。

少年審判に弁護士が付き始めた大きな転換点は、おそらく平成十三年の福岡県弁護士会による、少年の身柄事件全部に付添人(刑事事件の弁護人に相当)を付けようとする「全件付添人制度」(当時の福岡県弁護士会による呼称)だったのではないかと思う。わたしは、当時福岡少年鑑別所の現場の責任者として在職しており、否応なしにこの制度のスタートにかかるさまざまな問題に関わり合わせられた。正直言って苦労もしたが、おかげで弁護士界の事情も少し知ることになった。この後、少年審判に弁護士が付添人として付く動きは全国な拡がりをみせていった。今や少年審判における弁護士の存在はごく日常的な風景になりつつある。

弁護士の弁護活動は、少年審判が検察官が出席する対審構造にないこと、少年法における健全育成の理念のもとにあること、また私選でない付添人選任がほとんどであることなどから、成人事件の刑事弁護と違ったものが求められると思う。少年保護事件における弁護活動のあり方は、家庭裁判所に提出する意見書でいうと、「予想される決定の一段軽い意見を出す」といったものがもしあるとすれば、そういうことでもないと思う。

以下に、わたしが少年鑑別所で体験した弁護士がらみの事項に関し、感想を交えながら触れておく。

①　少年鑑別所での接見は普通の面接室で行われるため、少年の表情のなまなましさや息づかいを直に感じ取ることができ、やり方次第で面接が深められる環境にあるが、同時に少年の身勝手さも肌で感じてしまいやすい。ある弁護士は、何回か接見を重ねているうちに少年の問題性の大きさを痛感したようで、最初は少年の言い分にうなずいて聴いていたようだが、あまりの身勝手さに我慢できなかったのだろう、後では接見室から厳しく叱りつける大声が聞こえてきた。

※　是々非々《ぜぜひひ》を明確にしなければいけない場面での、少年の改善を願う自然な反応である。

②　ある弁護士から「少年の薬物依存のメカニズムについて意見交換したいので、鑑別技官に会いたい」という依頼を受けた。

※　特異な非行犯罪の解明には心理学や精神医学の知識がどうしても必要な場合がある。ちなみに、法律家は論理性を重視する立場上、非行少年に得意でないことばによる説明を求めたがる傾向があるが、心理学者や精神医学者はことばの裏にあるものを探りたがり、またあいまいなものをそのまま受け入れる傾向がある。このため、異なった拠《よ》り所を持つ者同士がひとつの事象を理解しようとするとき微妙なずれが生じかねな

い。関係者は互いの立場の違いを理解しておかねばならない。

③　突然、入院治療を要する緊急事態が発生した。家庭裁判所は、疾病の状況から治療優先と判断し、いったん観護措置を取消し親に引き取らせようとしたが、肝心の親と連絡が取れず困っていたところ、弁護士が引受人代行になって動いてくれた。入院手続き等のため夕方から深夜まで献身的に動く弁護士の姿はなかなかのものであった。

※　家庭裁判所、弁護士、病院と連絡を取り合いつつ、関係機関の連携協力の大切さを痛感した。

④　また、弁護士のフットワークの良さは、しばしば非行少年の社会資源の開拓において発揮される。

※　人的、社会資源の開拓については、家庭裁判所も保護観察所も努力しているようだが、弁護士の力に大いに期待したいところである。

⑤　審判席上で、弁護士が絶妙のタイミングで、「ところで○○くん。お母さんに言っておきたいことはないですか」と促すと、少年はことばを詰まらせながら「ごめんな

さい」と謝り、そのことばに母親が涙を流しながら、小さいころから何もしてやれなかったこと、親としての自分のだらしなさを詫びる展開となり、弁護士の一言が審判に厚みをもたらすきっかけになった。

※　繰り返すが、少年審判は単なる処分の言渡しの場でない。展開如何で家族療法的な場にもなる。

⑥　集団による傷害致死事件で検察官送致になって拘置所生活を送っていた少年が、裁判所の「家庭裁判所への移送」決定によって、一年ぶりに少年鑑別所に入ってきた。話してみると、軽薄で思いこみが強かった前回に比べると、客観的な視点をもって話せ人の話にも素直に耳を傾けられるようになっており、まるで別人のような成長が見られた。その陰には、一人の国選弁護士の存在があった。弁護士は幾度となく拘置所に足を運び、接見を重ねていた。不幸な生い立ちで不信感のかたまりだった少年の心を粘り強くほぐし、それとともに少年は次第に心を開き、自分がやった行為、主犯格だった成人との関係などについて現実的、客観的な見方ができ、被害者に対する謝罪の念も深まっていた。彼の変容に弁護士が果たした役割は大きいと思う。

※　ことばにして言いがたい。

⑦　弁護士と少年鑑別所の関係は始まって日が浅いため、当分はその都度調整して行かなければならない問題があると思う。

わたしが在職中に気になっていたことは、弁護士がしばしば「拘置所ではこうだった。警察ではこうだった」という台詞《せりふ》を使っていたことである。このことばは何を示すものであろうか。少年鑑別所は拘置所や警察とは拠《よ》って立つ法的根拠が違うのだが、弁護士から見れば身柄を拘束する同じ収容施設という認識があるのだろう。ある時、警察の捜査段階のときに使用している自白強要防止目的と思しきノートが差し入れられようとしたことがあったが、少年鑑別所も警察と同じという誤った認識を裏づけるもので、残念な思いをしたことがある。

※　良好な関係づくりには相互理解が必要である。

⑧　少年鑑別所は、少年を安んじて審判を受けさせるよう意を用いることを課せられている。少年院に決まるかもしれない審判への不安を持つ少年を、いかに安定させ内省を促し、少年院に決まってもいかにその処分を受け入れさせるかという、きわめてデリケートな作業である。一歩間違えば少年は混乱し、自傷、自殺、暴行、逃走に及びかねない問題である。少年だって、頭の片隅では行為の重大さや自分の問題性は漠然

とながらも分かっている。それが、所内生活をとおして少しずつ自分の問題を整理し内省に向い、少年院送致の言渡しを受けても「仕方がない」と処分を受け入れる方向で進んでいく。

しかし一方で、少年院送致決定に納得せず、暴れる少年がたまにいる。その原因のひとつに、「〇〇が「出られそう」と言ったから」という第三者のことばに基づく審判の見込み違いが生じ、そのため頭が真っ白になって行動化が起きる場合がある。審判前の藁《わら》をもすがりたい心境の少年は、こちらが「出られそう」とか言ったつもりはなくても、えてして自分の都合のいいように解釈することがある。これは弁護士のみに言っていることではない。少年と面接、調査、面会するすべての者は、くれぐれも無責任で不用意なことばは慎まなければならない。

以上、すでに言われている「弁護士は少年審判における良きパートナー」の再確認になってしまった気がする。

■被害者の少年審判傍聴のこと ―被害者への謝罪

原稿を書いている最中に、重大事件における「被害者の少年審判傍聴」を認める少年法改正が国会で可決、成立するニュースが流れていたが、これに関連して非行少年の被害者に対する感情について一言触れておきたい。

少年鑑別所で少年の心境等をきいたアンケートでは、被害者に関する記述はきわめて少ない。最近の「被害者支援」の刑事政策に伴い、少年事件においても、少年の親が被害者のもとに謝罪に出向いたり、弁護士が少年に反省文を書かせ、それを被害者に郵送するなど被害者感情の宥恕《ゆうじょ》を請う動きが目につくようになっている。しかし、当の少年がどの程度被害者に心から謝罪の気持ちを抱いているかというと、現場にいた者の実感としては少年鑑別所の段階では、ほとんどの少年が自分のことで頭がいっぱいというのが実情である。確かに周囲の刺激によって、被害者に対する申し訳なさを口にするようになる。だからといって、相手の心を動かすほどの反省の深まりかというと否といわざるをえない。事件を起こして審判までの時間も短く、この段階で深い謝罪の念を呼び起こすということは容易でないと思う。

重大事件の被害者が審判廷で少年の謝罪のことばを直接聞きたいというのは当然の気

持ちであろうが、通常一、二回で審理が終わる少年審判の段階では、事件が重大であっても少年に深い謝罪の念を期待することは残念ながら難しい。かえって、被害者が二次的被害と言おうか傷つくおそれのほうが危ぐされる。少年も、被害者がいれば萎縮し言いたいことが言えなくなるおそれがある。また、裁判官はどうだろうか。それなりの工夫をするだろうが、果たして被害者への配慮と少年への教育的な働きかけという相反する要請を同時に満たすことができるだろうか。重大事件に限った改正内容であるとはいえ、傍聴という行為が、少年法が規定する審判のあり方を根本的に変えてしまわないかと一抹の不安を抱いてしまう。

非行臨床ファイル6

悪の誘惑

いったん、非行を犯し逸脱の道を歩み始めると悪の誘惑の手が伸びやすい。ある暴力団は街でぶらぶらしている少年をリストアップし、スカウト係のチンピラが甘いことばをかけ組事務所に連れて行く。少年院を出て社会で更生の道を踏み出していても、昔の縁を持ち出し、再び悪の道に引きずり込もうとする。少年鑑別所に再入してきた少年には、暴力団事務所に軟禁状態にされた経験を持つ者が一定の割合でいる。不良成人からの魔の手は警察の力を借りてでも防止したいものである。

実際にあったえげつない手口を紹介しよう。その手口は、少年を振り込め詐欺の忠実な手先に仕立てるため、まず逃げられないよう裏切った仲間を袋叩きにしたビデオ映像を少年に見せ、恐怖感を植えつける。そして、少年が不良成人の命令どおり忠実に動いているかどうかを尾行したり、ある時は若い女の名でメールを飛ばし、後で自分の仕業であることを打ち明け、四六時中、監視の目があると思わせるやり方で、その手口は実に巧妙である。少年は逃げることなどまったく考えられなくなる。少年は、恐怖感を払拭するために不良成人の機嫌をとり、率先して手先となって動くようになる。「彼から気に入ってもらうしかない」精神状態に追い込まれてしまう。巧妙なマインドコントロールである。ちなみに後で分かったことだが、この不良成人はわたしが若いころ担当していた少年だった。不幸な身の上で不良者に追随していた彼の少年時代の記憶がかすかに残っているが、その後も立ち直ることなく、犯罪者の道を歩んで行ってしまったのだろうか。

あとがき

昭和四十八年に非行少年や犯罪者を対象とする矯正の世界に足を踏み入れ、三十五年間、現場中心の矯正生活を送った。

普通の人からは縁遠いこういう特殊な職場で職業人生を全《まっと》うするとは夢にも思わなかったが、実際、働いてみると非行犯罪の世界を通じて、実にさまざまな人間模様に遭遇させられ、そして齢を重ねるとともに非行犯罪を通じて社会のいろんなことが見えてきた。私的には、紙切れ一枚（辞令のこと）で将棋の歩のごとくあちこち飛ばされた転勤のお陰で、見知らぬ土地で新たな人と出会うことができ、新たな発見ができた。公私ともに面白がって生活できた。足し算、引き算して合算すればおつりが来た職業人生と思っている。そして、支えてもらったまわりの人々に感謝している。

生来、自由気ままな性分《しょうぶん》で、型にはまった仕事は性に合わなかった。それでも、このように長く勤務できたのは、非行少年という生身の人間を相手にしたためで、もともと人間が好きで、それも、いくらかはずれ者にひかれるつむじ曲がりのところがあったせいかもしれない。ひるがえって、非行臨床に携わる人の最重要資格は人間への関心と知的好奇心と考えている。

第二の人生については、土を耕しながら芋や野菜を作って自らの朝晩の食事に供することをささやかな楽しみにしたいと思っている。自然の中に入って好きなようにゆっくり生きていきたい。ゼロからの再出発という思いが強い。ただ一方で、長い矯正の現場生活を通じて、勉強させられたこと、気づかされたことも少なくない。自分の寿命を逆算して考えるようになった現在、平凡な人間のことばであっても、多くの時間を過ごした少年鑑別所で経験したことを記録に残し発信することは、無益なことではないと考えるようになった。感じたこと、思ったことを苦言も交え書き綴ったが、ご容赦願いたい。

書き終えてみると、この程度のことしか書けない自分に少々失望もしたが、仕方がない。なお、通常ならば参考文献を掲げるところだが、本書は日々の非行臨床の実践をもとに書いたものであり、必要なところは本文の中に出典を書き記したので、この形でご勘弁願いたい。

最後になったが、資料の整理のお手伝いをしていただいた佐賀少年鑑別所の山下珠美さん、そして出版に当たって多大なご支援をいただいた高石左京氏に対し、この場を借りて感謝の意を表したい。

二〇〇八年夏

著者

巻末資料　少年法関連法令抜粋

少年法

（この法律の目的）
第一条　この法律は、少年の健全な育成を期し、非行のある少年に対して性格の矯正及び環境の調整に関する保護処分を行うとともに、少年及び少年の福祉を害する成人の刑事事件について特別の措置を講ずることを目的にする。

（付添人）
第一〇条　少年及び保護者は、家庭裁判所の許可を受けて、付添人を選任することができる。ただし、弁護士を付添人に選任するには、家庭裁判所の許可を要しない。

（観護の措置）

第一七条　家庭裁判所は、審判を行うため必要があるときは、決定をもって、次に掲げる観護の措置をとることができる。

一　家庭裁判所の調査官の観護に付すること。

二　少年鑑別所に送致すること。

3　第一項第二号の措置においては、少年鑑別所に収容する期間は、二週間を超えることができない。ただし、特に継続の必要がある時は、決定をもって、これを更新することができる。

4　前項ただし書きの規定による更新は、一回を超えて行うことができない。ただし、第三条第一項第一号に掲げる少年に係る死刑、懲役又は禁固に当たる罪の事件でその非行事実の認定に関し証人尋問、鑑定若しくは検証を行うことを決定したもの又はこれを行ったものについて、少年を収容しなければ審判に著しい支障が生じるおそれがあると認めるに足りる相当の理由がある場合には、その更新は、更に二回を限度として、行うことができる。

9　第一項第二号の措置については、収容の期間は、通じて八週間を超えることができない。ただし、その収容期間が通じて四週間を超えることとなる決定を行うときは、第四項ただし書きに規定する事由がなければならない。

（検察官への送致）

第二〇条　家庭裁判所は、死刑、懲役又は禁固に当たる罪の事件について、調査の結果、その罪質及び情状に照らして刑事処分を相当と認めるときは、決定をもって、管轄地方裁判所に対応する検察庁の検察官に送致しなければならない。

2　前項の規定にかかわらず、家庭裁判所は、故意の犯罪行為により被害者を死亡させた罪の事件であって、その罪を犯すとき十六歳以上の少年に係るものについては、同項の決定をしなければならない。ただし、調査の結果、犯行の動機及び態様、犯行後の情況、少年の性格、年齢、行状及び環境その他の事情を考慮し、刑事処分以外の措置を相当と認めるときは、この限りでない。

（審判の方式）

第二二条　審判は、懇切を旨として、和やかに行うとともに、非行のある少年に対し自己の非行について内省を促すものとしなければならない。

2　審判は、これを公開しない。

3　審判の指揮は、裁判長が行う。

（保護処分の決定）

第二四条　家庭裁判所は前条の場合を除いて、審判を開始した事件に付き、決定をもって、次に掲げる保護処分を決定しなければならない。
一　保護観察所の保護観察に付すること。
二　児童自立支援施設または児童養護施設に送致すること。
三　少年院に送致すること。

（保護者への措置）
第二五条の二　家庭裁判所は、必要があると認めるときは、保護者に対し、少年の監護に関する責任を自覚させ、その非行を防止するため、調査又は審判において、自ら訓戒、指導その他の適当な措置をとり、又は家庭裁判所調査官に命じてこれらの措置をとらせることができる。

（家庭裁判所への移送）
第五五条　裁判所は、事実審理の結果、少年の被告人を保護処分に付するのが相当であると認めるときは、決定をもって、事件を家庭裁判所に移送しなければならない。

※（被害者の少年審判の傍聴）
「家庭裁判所は、殺人事件等一定の重大事件の被害者等から申出がある場合に、少年の年齢や心身の状態等の事情を考慮して相当と認めるときは、少年審判の傍聴を許可

することができる」旨の内容

少年院法

（少年院）

第一条　少年院は、家庭裁判所から保護処分として送致された者及び少年法第五六条第三項の規定により少年院において刑の執行を受ける者を収容し、これに矯正教育を授ける施設とする。

（少年鑑別所）

第一六条　少年鑑別所は、少年法第一七条第一項第二号の規定により送致された者を収容するとともに、家庭裁判所の行う少年に対する調査及び審判並びに保護処分及び懲役又は禁固の言渡しを受けた十六歳未満の少年に対する刑の執行に資するため、医学、心理学、教育学、社会学その他の専門的知識に基づいて、少年の資質の鑑別を行う施設とする。

少年鑑別所処遇規則

第二条　少年鑑別所においては、少年を明るく静かな環境に置いて少年が安んじて審判を受けられるようにし、そのありのままの姿を捉えて資質の鑑別を行うように心がけなければならない。

第三条　職員は、少年に対し、暖かい愛情と冷静な科学的態度で、接しなければならない。

第三八条　少年に対し面会を申し出たものがあるときは、近親者、保護者その他必要と認める者に限り、これを許す。

更生保護法

（目的）

第一条　この法律は、犯罪をした者及び非行のある少年に対し、社会内において適切な処遇を行うことにより、再び犯罪することを防ぎ、又はその非行をなくし、これらの者が善良な社会の一員として自立し、改善更生することを助けるとともに、恩赦の適正な運用を図るほか、犯罪予防活動の促進等を行い、もって社会を保護し、個人及び公共の福祉を増進することを目的とする。

（保護者に対する措置）

第五九条　保護観察所の所長は、必要があると認めるときは、保護観察に付されている少年の保護者に対し、その少年の監護に関する責任を自覚させ、その改善更生に資するため、指導、助言その他の適当な措置をとることができる。

高木 清（たかぎ　きよし）

1950年京都府生まれ。福岡市在住。宮崎大学教育学部卒業。
1973年法務省に入り，福岡少年鑑別所首席専門官，京都少年鑑別所次長，福岡矯正管区医療分類課長等を歴任し，2008年3月退職。

非行少年の世界と周辺

2008年11月10日 初版発行

著　者　高木 清
発行者　瀬戸 弥生
発行所　ＪＰＳ出版局
編集室：神奈川県秦野市下大槻 410-1-20-301 〒257-0004
e-mail : jps@aqua.ocn.ne.jp　FAX: 0463-76-7195
編　集　高石 左京
カバーデザイン　GOLEM, ウインバレー
ＤＴＰ　小島 展明
印刷・製本　ＴＢＳサービス
発売元　太陽出版
東京都文京区本郷 4-1-14 〒113-0033
TEL: 03-3814-0471　FAX: 03-3814-2366

©Kiyoshi Takagi, 2008 Printed in Japan. ISBN978-4-88469-595-8